放射性废物管理立法研究丛书

我国放射性废物管理法规汇编

刘新华　主编

生态环境部核与辐射安全中心

中国环境出版集团·北京

图书在版编目（CIP）数据

我国放射性废物管理法规汇编/刘新华主编．—北京：中国环境出版集团，2020.12

（放射性废物管理立法研究丛书）

ISBN 978-7-5111-4484-3

Ⅰ．①我… Ⅱ．①刘… Ⅲ．①放射性污染－污染防治－法规－汇编－中国 Ⅳ．①D922.683.9

中国版本图书馆 CIP 数据核字（2020）第 205338 号

出 版 人 武德凯
责任编辑 董蓓蓓
责任校对 任 丽
封面设计 宋 瑞

出版发行 中国环境出版集团
（100062 北京市东城区广渠门内大街 16 号）
网 址：http://www.cesp.com.cn
电子邮箱：bjgl@cesp.com.cn
联系电话：010-67112765（编辑管理部）
发行热线：010-67125803，010-67113405（传真）
印 刷 北京中科印刷有限公司
经 销 各地新华书店
版 次 2020 年 12 月第 1 版
印 次 2020 年 12 月第 1 次印刷
开 本 787×1092 1/16
印 张 11.25
字 数 170 千字
定 价 56.00 元

编委会

主　编

刘新华

副主编

徐春艳　魏方欣

编著人员

雷　强　王春丽　张　宇

放射性废物管理立法研究丛书

序

我国放射性废物管理工作与核工业相伴而生，随着核能与核技术利用的发展而不断壮大。经过五十多年的努力，老旧核设施退役与废物处理取得了较大进展，初步形成了与之相匹配的处理处置能力；高放废物地质处置地下实验室正在建设，研究工作正在稳步推进；核电厂废物处理设施健全，实现了“三同时”。

习近平总书记强调，“老旧核设施、历史遗留放射性废物等风险不容忽视”。我国放射性废物管理面临安全风险不断加大的严峻挑战，安全管理压力不断增加。我国早期建设的核设施已逐渐进入退役高峰期，不仅已积存大量低、中放遗留废物，而且其退役还会产生更大量的放射性废物。中放废物处理和中等深度处置尚处于概念阶段，亟待加强管理并实现安全处置。核电低放废物处置场落地困难，核电废物处置去向悬而未决。部分核电厂固体废物超出其贮存寿期和暂存库设计容量，借助其他新建核电厂的废物库暂存，暂存风险与日俱增。核技术利用发展迅速，产生大量废放射源等核技术利用废物。废放射源由于整备和处置路线未定而大量积存。这些问题与核能和核技术发展需求严重不适应，更造成较大安全潜在风险。

自 2016 年以来，在潘自强、柴之芳等院士的组织和支持下，依托中国工程院重点咨询项目和中国科学院学部评议项目，生态环境部核与辐射安全中心牵头的研究团队承担了放射性废物管理法律法规体系研究和放射性废物环境安全问题及对策研究工作，从体制机制和长期安全角度，对国内外放射性废物管理的现状与问题进行了系统梳理和分析，提出专门法律的缺失是放射性废物管理严重滞后于核能发展、处置问题难以解决且愈加突出的关键因素。起草的《关于尽快制定〈放射性废物管理法〉的建议》《关于完善我国放射性废物处置组织机构体系的建议》等多份院士建议，得到国家领导和相关部委领导高度重视，领导批示要求研究落实放射性废物管理立法工作。在上述研究和建议的推动下，国家相关部委和核工业界对制定放射性废物管理专门法律形成共识。

（1）放射性废物管理的复杂性、系统性、长期性需要专门立法。放射性废物从产生、处理、贮存，到处置及处置后的长期监护，涉及环节多、周期长、管理层级繁杂、系统性强。我国放射性废物来自早期核工业、核能、核技术利用和矿产资源开发利用等多个重要领域，范围广、数量大，具有巨大的长期潜在危害。放射性废物若管理不善，将对生态环境产生难以估量的严重损害，造成资源的重大损失，并危及社会稳定。因此，有必要制定放射性废物管理法，构建系统、完善、专门的责任与规范体系，防范长期安全风险，推动放射性废物管理与核能事业同步发展，维护国家长久安全。

（2）专门立法有助于明确放射性废物管理基本原则。放射性废物的潜在危害可持续几百年到上万年，甚至百万年，保护后代、不给未来人类造成不适当负担是国际原子能机构放射性废物管理的基本原则之一。同时，放射性废物管理涉及中央政府、地方政府、废物产生单位和处理处置单位等，只有明确界定各自责任，才能保证放射性废物及时安全处理处置。只有制定放射性废物管理法，才可以充分确立放射性废物管理代际公平和责任划分等基本原则。

（3）专门立法有利于建立和完善放射性废物管理基础性制度。放射性废物管理资金涉及核设施退役基金的提取，固体废物处置收费办法，处置设施建设、运行资金及关闭后长期监护基金管理，环境补偿机制等。责任主体众多，涉及政府，废物产生单位、处理单位和处置单位；时间周期长，涉及当代和未来。放射性废物管理资金管理体系复杂，需要通过放射性废物管理法建立。

（4）专门立法是完善核与辐射领域法律体系，切实保证依法、高效、合理管理放射性废物的需要。现行《核安全法》《放射性污染防治法》和正在征求意见的《原子能法》，从总体核安全、放射性污染防治和核领域综合性管理的角度对放射性废物做出了原则性规定，但基于其定位、功能和性质，不能对放射性废物全寿期、全要素、全流程的复杂问题进行系统、完整、具体的规范。从国际上看，有核国家均有放射性废物管理的法律。法国是世界上核领域法律体系最完善的国家，实现了能源自主、安全、独立，电价稳定和环境安全。因此，我国亟待制定放射性废物管理法，进一步完善核领域法律体系。

（5）专门立法是确保国家安全的需要。我国放射性废物当前主要来源于早期核工业，退役缓慢，存在厂房外环境污染，潜在安全风险极大。当前我国在建核电机组居世界第一，核电和后处理产生的中低放和高放废物不断增加。核技术和放射性同位素应用将产生大量放射性废物。铀矿和稀土等矿产资源开发范围广、数量大，存在潜在危害。放射性废物如何有效管理已成为全社会普遍关注的重大问题，若处理处置不当，将危及国家安全。目前，对放射性废物的处理处置，国务院有关部门、地方人民政府和相关企业意见不统一，甚至存在矛盾冲突，亟待制定放射性废物管理法，有效管理放射性废物，解决上述问题，消除国家安全隐患。

（6）专门立法是提升我国核实力的需要。经过多年发展，我国放射性废物管理工作取得了一定成绩，但总体进展缓慢、整体技术水平较低，成为核能发展中的“卡脖子”问题。放射性废物处理处置技术复杂、政策性强，需要社会参与和专业化公司运营，应充分利用社会资源，发挥专业技术优势，促进技术创新和事业发展，以进一步提高放射性废物管理的安全水平和技术能力。我国应制定放射性废物管理法，完善体制机制，以创新驱动发展，推动突破、掌握核心技术，进一步提升国家核实力。

（7）专门立法是国际履约和促进国际合作的需要。十届全国人大常委会第二十一次会议批准加入《乏燃料管理安全和放射性废物管理安全联合公约》，我国成为该公约的缔约国。制定放射性废物管理法是公约对缔约国的要求，我国政府已经做出承诺。制定放射性废物管理法，履行国际承诺，有利于树立我国负责任核大国形象，也有利于促进国际交流与合作，更有利于国内放射性废物管理水平的持续提升。

2019 年 3 月，生态环境部核与辐射安全中心设立放射性废物管理立法研究课题，全面开展放射性废物管理立法论证和相关制度设计的研究工作，推动放射性废物管理法纳入全国人大立法计划。立法研究课题组依托院士和业内资深专家，组织开展放射性废物管理立法调研，起草放射性废物管理法草案，并联合中国核电发展中心、海军研究院、中国核电工程有限公司、中核清原公司、中国辐射防护研究院、大亚湾核电环保有限公司等单位专家，对立法必要性和可行性、与现有法律的关系、责任划分、低放废物处置、资金支持等 40 多个专题开展论证研究，形成 40 多份研究报告。课题组编制完成的《放射性废物管理现状调研报告》获得中国科协 2019 年“全国十佳调研报告”称号，《关于尽快制定〈放射性废物管理法〉的建议》获国家领导批示并要求开展立法工作，得到生态环境部、国防科工局、国家能源局等相关部门的支持，推动放射性废物管理立法向前迈出坚实一步。公众也希望有一部规范放射性废物管理行为的法律尽快出台，十三届全国人大二次会议和三次会议均有多个议案建议制定放射性废物管理专门法律。制定放射性废物管理法已具备广泛社会基础。

习近平总书记强调，只有实行最严格的制度、最严密的法治，才能为生态文明建设提供可靠保障。因此，应通过制定放射性废物管理法对放射性废物全寿期、全要素、全流程的复杂问题做出系统、完整、具体的规范。

（1）明确处置责任划分。明确省级地方政府为核电低放废物处置的责任主体，具体负责处置设施的选址和长期监护；核电企业承担废物处置所需的所有费用；建立问责机制，推进低放废物区域处置场和集中处置场建设，加快解决核电废物处置难题。

（2）建立和完善放射性废物管理组织机构。在国务院现有机构框架下，组建放射性废物管理执行机构，统一负责全国放射性废物管理的顶层设计和统筹规划，组织实施高放废物和中放废物的地质处置。

（3）编制并实施国家放射性废物管理计划。明确放射性废物管理计划的编制主体和程序，建立计划实施的评估机制。

（4）完善放射性废物管理资金保障制度。明确资金来源、管理主体、使用范围和方法等，为放射性废物管理研发，处置设施选址、建造、运行、关闭和关闭后监护以及跨区域补偿等提供资金保障。

（5）建立公众参与机制。建立完善的沟通协商机制和信息公开制度，保障放射性废物处置设施选址、建造、运行，特别是长期监护中的公众知情权，增强公众信心，妥善引导公众合理表达诉求。

为更好地推动放射性废物管理立法工作，课题组联合中国核电发展中心、海军研究院、中国原子能科学研究院、中核战略规划研究总院和深圳中广核工程设计有限公司等单位专家编制了“放射性废物管理立法研究丛书”。丛书内容包括国外放射性废物管理法律概述、国内放射性废物管理、国外放射性废物管理、国外放射性废物管理组织机构、放射性废物处理处置技术等方面，为放射性废物管理立法论证和相关制度设计提供全面技术支持。

在放射性废物管理立法研究和丛书编著过程中，得到生态环境部核与辐射安全中心放射性废物管理立法论证研究项目、北京世创核安全基金会、核设施退役及放射性废物治理科研项目“低中放废物处置法规标准体系和管理机制研究”的支持，以及潘自强院士、胡思得院士、柴之芳院士、赵成昆、杨朝飞、翟勇、刘森林、曲志敏、赵永康、赵永明、林森、杨永平、吴恒等专家的指导、支持和帮助。值此，对上述领导和专家表示衷心感谢和崇高敬意。

限于我们知识水平，难免存在不妥之处，望读者批评指正。

刘新华

2020 年 11 月

前言

为适应放射性废物管理法制建设的需要，我们对我国放射性废物管理相关的法律、条例和管理办法等文件进行了收集和整理，编辑完成《我国放射性废物管理法规汇编》一书。

本汇编收入了现行有效的法规文件，分三类：

一、法律，包括《核安全法》和《放射性污染防治法》。

二、行政法规，包括《放射性废物安全管理条例》《民用核设施安全监督管理条例》《放射性物品运输安全管理条例》和《放射性同位素与射线装置安全和防护条例》。

三、部门规章，包括《放射性废物安全监督管理规定》《放射性固体废物贮存和处置许可管理办法》《放射性废物分类》《矿产资源开发利用辐射环境监督管理名录（第一批）》《核电站乏燃料处理处置基金征收使用管理暂行办法》《核电站乏燃料处理处置基金项目管理办法》。

因汇编时间仓促、编纂水平有限，部分资料在文书收集过程中难免有所疏漏，恳请广大读者批评指正并提出宝贵意见。

编者

2020 年 11 月

目　录

三、部门规章 / 111

一〇　法律

中华人民共和国主席令

第七十三号

《中华人民共和国核安全法》已由中华人民共和国第十二届全国人民代表大会常务委员会第二十九次会议于 2017 年 9 月 1 日通过，现予公布，自 2018 年 1 月 1 日起施行。

中华人民共和国主席　习近平

2017 年 9 月 1 日

中华人民共和国核安全法

(2017年9月1日第十二届全国人民代表大会常务委员会

第二十九次会议通过)

目 录

第一章 总 则

第一条 为了保障核安全，预防与应对核事故，安全利用核能，保护公众和从业人员的安全与健康，保护生态环境，促进经济社会可持续发展，制定本法。

第二条 在中华人民共和国领域及管辖的其他海域内，对核设施、核材料及相关放射性废物采取充分的预防、保护、缓解和监管等安全措施，防止由于技术原因、人为原因或者自然灾害造成核事故，最大限度减轻核事故情况下的放射性后果的活动，适用本法。

核设施，是指：

（一）核电厂、核热电厂、核供汽供热厂等核动力厂及装置；

（二）核动力厂以外的研究堆、实验堆、临界装置等其他反应堆；

（三）核燃料生产、加工、贮存和后处理设施等核燃料循环设施；

（四）放射性废物的处理、贮存、处置设施。

核材料，是指：

（一）铀-235 材料及其制品；

（二）铀-233 材料及其制品；

（三）钚-239 材料及其制品；

（四）法律、行政法规规定的其他需要管制的核材料。

放射性废物，是指核设施运行、退役产生的，含有放射性核素或者被放射性核素污染，其浓度或者比活度大于国家确定的清洁解控水平，预期不再使用的废弃物。

第三条 国家坚持理性、协调、并进的核安全观，加强核安全能力建设，保障核事业健康发展。

第四条 从事核事业必须遵循确保安全的方针。

核安全工作必须坚持安全第一、预防为主、责任明确、严格管理、纵深防御、独立监管、全面保障的原则。

第五条 核设施营运单位对核安全负全面责任。

为核设施营运单位提供设备、工程以及服务等的单位，应当负相应责任。

第六条 国务院核安全监督管理部门负责核安全的监督管理。

国务院核工业主管部门、能源主管部门和其他有关部门在各自职责范围内负责有关的核安全管理工作。

国家建立核安全工作协调机制，统筹协调有关部门推进相关工作。

第七条 国务院核安全监督管理部门会同国务院有关部门编制国家核安全规划，报国务院批准后组织实施。

第八条 国家坚持从高从严建立核安全标准体系。

国务院有关部门按照职责分工制定核安全标准。核安全标准是强制执行的标准。

核安全标准应当根据经济社会发展和科技进步适时修改。

第九条 国家制定核安全政策，加强核安全文化建设。

国务院核安全监督管理部门、核工业主管部门和能源主管部门应当建立培育核安全文化的机制。

核设施营运单位和为其提供设备、工程以及服务等的单位应当积极培育和建设核安全文化，将核安全文化融入生产、经营、科研和管理的各个环节。

第十条 国家鼓励和支持核安全相关科学技术的研究、开发和利用，加强知识产权保护，注重核安全人才的培养。

国务院有关部门应当在相关科研规划中安排与核设施、核材料安全和辐射环境监测、评估相关的关键技术研究专项，推广先进、可靠的核安全技术。

核设施营运单位和为其提供设备、工程以及服务等的单位、与核安全有关的科研机构等单位，应当持续开发先进、可靠的核安全技术，充分利用先进的科学技术成果，提高核安全水平。

国务院和省、自治区、直辖市人民政府及其有关部门对在科技创新中做出重要贡献的单位和个人，按照有关规定予以表彰和奖励。

第十一条 任何单位和个人不得危害核设施、核材料安全。

公民、法人和其他组织依法享有获取核安全信息的权利，受到核损害的，有依法获得赔偿的权利。

第十二条 国家加强对核设施、核材料的安全保卫工作。

核设施营运单位应当建立和完善安全保卫制度，采取安全保卫措施，防范对核设施、核材料的破坏、损害和盗窃。

第十三条 国家组织开展与核安全有关的国际交流与合作，完善核安全国际合作机制，防范和应对核恐怖主义威胁，履行中华人民共和国缔结或者参加的国际公约所规定的义务。

第二章 核设施安全

第十四条 国家对核设施的选址、建设进行统筹规划，科学论证，合理布局。

国家根据核设施的性质和风险程度等因素，对核设施实行分类管理。

第十五条 核设施营运单位应当具备保障核设施安全运行的能力，并符合下列条件：

（一）有满足核安全要求的组织管理体系和质量保证、安全管理、岗位责任等制度；

（二）有规定数量、合格的专业技术人员和管理人员；

（三）具备与核设施安全相适应的安全评价、资源配置和财务能力；

（四）具备必要的核安全技术支撑和持续改进能力；

（五）具备应急响应能力和核损害赔偿财务保障能力；

（六）法律、行政法规规定的其他条件。

第十六条 核设施营运单位应当依照法律、行政法规和标准的要求，设置核设施纵深防御体系，有效防范技术原因、人为原因和自然灾害造成的威胁，确保核设施安全。

核设施营运单位应当对核设施进行定期安全评价，并接受国务院核安全监督管理部门的审查。

第十七条 核设施营运单位和为其提供设备、工程以及服务等的单位应当建立并实施质量保证体系，有效保证设备、工程和服务等的质量，确保设备的性能满足核安全标准的要求，工程和服务等满足核安全相关要求。

第十八条 核设施营运单位应当严格控制辐射照射，确保有关人员免受超过国家规定剂量限值的辐射照射，确保辐射照射保持在合理、可行和尽可能低的水平。

第十九条 核设施营运单位应当对核设施周围环境中所含的放射性核素的种类、浓度以及核设施流出物中的放射性核素总量实施监测，并定期向国务院环境保护主管部门和所在地省、自治区、直辖市人民政府环境保护主管部门报告监测结果。

第二十条 核设施营运单位应当按照国家有关规定，制定培训计划，对从业人员进行核安全教育和技能培训并进行考核。

核设施营运单位应当为从业人员提供相应的劳动防护和职业健康检查，保障从业人员的安全和健康。

第二十一条 省、自治区、直辖市人民政府应当对国家规划确定的核动力厂等重要核设施的厂址予以保护，在规划期内不得变更厂址用途。

省、自治区、直辖市人民政府应当在核动力厂等重要核设施周围划定规划限制区，经国务院核安全监督管理部门同意后实施。

禁止在规划限制区内建设可能威胁核设施安全的易燃、易爆、腐蚀性物品的生产、贮存设施以及人口密集场所。

第二十二条 国家建立核设施安全许可制度。

核设施营运单位进行核设施选址、建造、运行、退役等活动，应当向国务院核安全监督管理部门申请许可。

核设施营运单位要求变更许可文件规定条件的，应当报国务院核安全监督管理部门批准。

第二十三条 核设施营运单位应当对地质、地震、气象、水文、环境和人口分布等因素进行科学评估，在满足核安全技术评价要求的前提下，向国务院核安全监督管理部门提交核设施选址安全分析报告，经审查符合核安全要求后，取得核设施场址选择审查意见书。

第二十四条 核设施设计应当符合核安全标准，采用科学合理的构筑物、系统和设备参数与技术要求，提供多样保护和多重屏障，确保核设施运行可靠、稳定和便于操作，满足核安全要求。

第二十五条 核设施建造前，核设施营运单位应当向国务院核安全监督管理部门提出建造申请，并提交下列材料：

（一）核设施建造申请书；

（二）初步安全分析报告；

（三）环境影响评价文件；

（四）质量保证文件；

（五）法律、行政法规规定的其他材料。

第二十六条　核设施营运单位取得核设施建造许可证后，应当确保核设施整体性能满足核安全标准的要求。

核设施建造许可证的有效期不得超过十年。有效期届满，需要延期建造的，应当报国务院核安全监督管理部门审查批准。但是，有下列情形之一且经评估不存在安全风险的除外：

（一）国家政策或者行为导致核设施延期建造；

（二）用于科学研究的核设施；

（三）用于工程示范的核设施；

（四）用于乏燃料后处理的核设施。

核设施建造完成后应当进行调试，验证其是否满足设计的核安全要求。

第二十七条　核设施首次装投料前，核设施营运单位应当向国务院核安全监督管理部门提出运行申请，并提交下列材料：

（一）核设施运行申请书；

（二）最终安全分析报告；

（三）质量保证文件；

（四）应急预案；

（五）法律、行政法规规定的其他材料。

核设施营运单位取得核设施运行许可证后，应当按照许可证的规定运行。

核设施运行许可证的有效期为设计寿期。在有效期内，国务院核安全监督管理部门可以根据法律、行政法规和新的核安全标准的要求，对许可证规定的事项作出合理调整。

核设施营运单位调整下列事项的，应当报国务院核安全监督管理部门批准：

（一）作为颁发运行许可证依据的重要构筑物、系统和设备；

（二）运行限值和条件；

（三）国务院核安全监督管理部门批准的与核安全有关的程序和其他文件。

第二十八条 核设施运行许可证有效期届满需要继续运行的，核设施营运单位应当于有效期届满前五年，向国务院核安全监督管理部门提出延期申请，并对其是否符合核安全标准进行论证、验证，经审查批准后，方可继续运行。

第二十九条 核设施终止运行后，核设施营运单位应当采取安全的方式进行停闭管理，保证停闭期间的安全，确保退役所需的基本功能、技术人员和文件。

第三十条 核设施退役前，核设施营运单位应当向国务院核安全监督管理部门提出退役申请，并提交下列材料：

（一）核设施退役申请书；

（二）安全分析报告；

（三）环境影响评价文件；

（四）质量保证文件；

（五）法律、行政法规规定的其他材料。

核设施退役时，核设施营运单位应当按照合理、可行和尽可能低的原则处理、处置核设施场址的放射性物质，将构筑物、系统和设备的放射性水平降低至满足标准的要求。

核设施退役后，核设施所在地省、自治区、直辖市人民政府环境保护主管部门应当对核设施场址及其周围环境中所含的放射性核素的种类和浓度组织监测。

第三十一条 进口核设施，应当满足中华人民共和国有关核安全法律、行政法规和标准的要求，并报国务院核安全监督管理部门审查批准。

出口核设施，应当遵守中华人民共和国有关核设施出口管制的规定。

第三十二条 国务院核安全监督管理部门应当依照法定条件和程序，对核设施安全许可申请组织安全技术审查，满足核安全要求的，在技术审查完成之日起二十日内，依法作出准予许可的决定。

国务院核安全监督管理部门审批核设施建造、运行许可申请时，应当向国务院有关部门和核设施所在地省、自治区、直辖市人民政府征询意见，被征询意见的单位应当在三个月内给予答复。

第三十三条 国务院核安全监督管理部门组织安全技术审查时，应当委托与许可申请单位没有利益关系的技术支持单位进行技术审评。受委托的技术支持单位应当对其技术评价结论的真实性、准确性负责。

第三十四条 国务院核安全监督管理部门成立核安全专家委员会，为核安全决策提供咨询意见。

制定核安全规划和标准，进行核设施重大安全问题技术决策，应当咨询核安全专家委员会的意见。

第三十五条 国家建立核设施营运单位核安全报告制度，具体办法由国务院有关部门制定。

国务院有关部门应当建立核安全经验反馈制度，并及时处理核安全报告信息，实现信息共享。

核设施营运单位应当建立核安全经验反馈体系。

第三十六条 为核设施提供核安全设备设计、制造、安装和无损检验服务的单位，应当向国务院核安全监督管理部门申请许可。境外机构为境内核设施提供核安全设备设计、制造、安装和无损检验服务的，应当向国务院核安全监督管理部门申请注册。

国务院核安全监督管理部门依法对进口的核安全设备进行安全检验。

第三十七条 核设施操纵人员以及核安全设备焊接人员、无损检验人员等特种工艺人员应当按照国家规定取得相应资格证书。

核设施营运单位以及核安全设备制造、安装和无损检验单位应当聘用取得相应资格证书的人员从事与核设施安全专业技术有关的工作。

第三章 核材料和放射性废物安全

第三十八条 核设施营运单位和其他有关单位持有核材料，应当按照规定的条件依法取得许可，并采取下列措施，防止核材料被盗、破坏、丢失、非法转让和使用，保障核材料的安全与合法利用：

（一）建立专职机构或者指定专人保管核材料；

（二）建立核材料衡算制度，保持核材料收支平衡；

（三）建立与核材料保护等级相适应的实物保护系统；

（四）建立信息保密制度，采取保密措施；

（五）法律、行政法规规定的其他措施。

第三十九条 产生、贮存、运输、后处理乏燃料的单位应当采取措施确保乏燃料的安全，并对持有的乏燃料承担核安全责任。

第四十条 放射性废物应当实行分类处置。

低、中水平放射性废物在国家规定的符合核安全要求的场所实行近地表或者中等深度处置。

高水平放射性废物实行集中深地质处置，由国务院指定的单位专营。

第四十一条 核设施营运单位、放射性废物处理处置单位应当对放射性废物进行减量化、无害化处理、处置，确保永久安全。

第四十二条 国务院核工业主管部门会同国务院有关部门和省、自治区、直辖市人民政府编制低、中水平放射性废物处置场所的选址规划，报国务院批准后组织实施。

国务院核工业主管部门会同国务院有关部门编制高水平放射性废物处置场所的选址规划，报国务院批准后组织实施。

放射性废物处置场所的建设应当与核能发展的要求相适应。

第四十三条 国家建立放射性废物管理许可制度。

专门从事放射性废物处理、贮存、处置的单位，应当向国务院核安全监督管理部门申请许可。

核设施营运单位利用与核设施配套建设的处理、贮存设施，处理、贮存本单位产生的放射性废物的，无需申请许可。

第四十四条 核设施营运单位应当对其产生的放射性固体废物和不能经净化排放的放射性废液进行处理，使其转变为稳定的、标准化的固体废物后，及时送交放射性废物处置单位处置。

核设施营运单位应当对其产生的放射性废气进行处理，达到国家放射性污染防治标准后，方可排放。

第四十五条 放射性废物处置单位应当按照国家放射性污染防治标准的要求，对其接收的放射性废物进行处置。

放射性废物处置单位应当建立放射性废物处置情况记录档案，如实记录处置的放射性废物的来源、数量、特征、存放位置等与处置活动有关的事项。记录档案应当永久保存。

第四十六条 国家建立放射性废物处置设施关闭制度。

放射性废物处置设施有下列情形之一的，应当依法办理关闭手续，并在划定的区域设置永久性标记：

（一）设计服役期届满；

（二）处置的放射性废物已经达到设计容量；

（三）所在地区的地质构造或者水文地质等条件发生重大变化，不适宜继续处置放射性废物；

（四）法律、行政法规规定的其他需要关闭的情形。

第四十七条 放射性废物处置设施关闭前，放射性废物处置单位应当编制放射性废物处置设施关闭安全监护计划，报国务院核安全监督管理部门批准。

安全监护计划应当包括下列主要内容：

（一）安全监护责任人及其责任；

（二）安全监护费用；

（三）安全监护措施；

（四）安全监护期限。

放射性废物处置设施关闭后，放射性废物处置单位应当按照经批准的安全监护计划进行安全监护；经国务院核安全监督管理部门会同国务院有关部门批准后，将其交由省、自治区、直辖市人民政府进行监护管理。

第四十八条 核设施营运单位应当按照国家规定缴纳乏燃料处理处置费用，列入生产成本。

核设施营运单位应当预提核设施退役费用、放射性废物处置费用，列入投资概算、生产成本，专门用于核设施退役、放射性废物处置。具体办法由国务院财政部门、价格主管部门会同国务院核安全监督管理部门、核工业主管部门和能源主管部门制定。

第四十九条 国家对核材料、放射性废物的运输实行分类管理，采取有效措施，保障运输安全。

第五十条 国家保障核材料、放射性废物的公路、铁路、水路等运输，国务院有关部门应当加强对公路、铁路、水路等运输的管理，制定具体的保障措施。

第五十一条 国务院核工业主管部门负责协调乏燃料运输管理活动，监督有关保密措施。

公安机关对核材料、放射性废物道路运输的实物保护实施监督，依法处理可能危及核材料、放射性废物安全运输的事故。通过道路运输核材料、放射性废物的，应当报启运地县级以上人民政府公安机关按照规定权限批准；其中，运输乏燃料或者高水平放射性废物的，应当报国务院公安部门批准。

国务院核安全监督管理部门负责批准核材料、放射性废物运输包装容器的许可申请。

第五十二条 核材料、放射性废物的托运人应当在运输中采取有效的辐射防护和安全保卫措施，对运输中的核安全负责。

乏燃料、高水平放射性废物的托运人应当向国务院核安全监督管理部门提交有关核安全分析报告，经审查批准后方可开展运输活动。

核材料、放射性废物的承运人应当依法取得国家规定的运输资质。

第五十三条 通过公路、铁路、水路等运输核材料、放射性废物，本法没有规定的，适用相关法律、行政法规和规章关于放射性物品运输、危险货物运输的规定。

第四章 核事故应急

第五十四条 国家设立核事故应急协调委员会，组织、协调全国的核事故应急管理工作。

省、自治区、直辖市人民政府根据实际需要设立核事故应急协调委员会，组织、协调本行政区域内的核事故应急管理工作。

第五十五条 国务院核工业主管部门承担国家核事故应急协调委员会日常工作，牵头制定国家核事故应急预案，经国务院批准后组织实施。国家核事故应急协调委员会成员单位根据国家核事故应急预案部署，制定本单位核事故应急预案，报国务院核工业主管部门备案。

省、自治区、直辖市人民政府指定的部门承担核事故应急协调委员会的日常工作，负责制定本行政区域内场外核事故应急预案，报国家核事故应急协调委员会审批后组织实施。

核设施营运单位负责制定本单位场内核事故应急预案，报国务院核工业主管部门、能源主管部门和省、自治区、直辖市人民政府指定的部门备案。

中国人民解放军和中国人民武装警察部队按照国务院、中央军事委员会的规定，制定本系统支援地方的核事故应急工作预案，报国务院核工业主管部门备案。

应急预案制定单位应当根据实际需要和情势变化，适时修订应急预案。

第五十六条　核设施营运单位应当按照应急预案，配备应急设备，开展应急工作人员培训和演练，做好应急准备。

核设施所在地省、自治区、直辖市人民政府指定的部门，应当开展核事故应急知识普及活动，按照应急预案组织有关企业、事业单位和社区开展核事故应急演练。

第五十七条　国家建立核事故应急准备金制度，保障核事故应急准备与响应工作所需经费。核事故应急准备金管理办法，由国务院制定。

第五十八条　国家对核事故应急实行分级管理。

发生核事故时，核设施营运单位应当按照应急预案的要求开展应急响应，减轻事故后果，并立即向国务院核工业主管部门、核安全监督管理部门和省、自治区、直辖市人民政府指定的部门报告核设施状况，根据需要提出场外应急响应行动建议。

第五十九条　国家核事故应急协调委员会按照国家核事故应急预案部署，

组织协调国务院有关部门、地方人民政府、核设施营运单位实施核事故应急救援工作。

中国人民解放军和中国人民武装警察部队按照国务院、中央军事委员会的规定，实施核事故应急救援工作。

核设施营运单位应当按照核事故应急救援工作的要求，实施应急响应支援。

第六十条 国务院核工业主管部门或者省、自治区、直辖市人民政府指定的部门负责发布核事故应急信息。

国家核事故应急协调委员会统筹协调核事故应急国际通报和国际救援工作。

第六十一条 各级人民政府及其有关部门、核设施营运单位等应当按照国务院有关规定和授权，组织开展核事故后的恢复行动、损失评估等工作。

核事故的调查处理，由国务院或者其授权的部门负责实施。

核事故场外应急行动的调查处理，由国务院或者其指定的机构负责实施。

第六十二条 核材料、放射性废物运输的应急应当纳入所经省、自治区、直辖市场外核事故应急预案或者辐射应急预案。发生核事故时，由事故发生地省、自治区、直辖市人民政府负责应急响应。

第五章 信息公开和公众参与

第六十三条 国务院有关部门及核设施所在地省、自治区、直辖市人民政府指定的部门应当在各自职责范围内依法公开核安全相关信息。

国务院核安全监督管理部门应当依法公开与核安全有关的行政许可，以及核安全有关活动的安全监督检查报告、总体安全状况、辐射环境质量和核事故等信息。

国务院应当定期向全国人民代表大会常务委员会报告核安全情况。

第六十四条 核设施营运单位应当公开本单位核安全管理制度和相关文件、核设施安全状况、流出物和周围环境辐射监测数据、年度核安全报告等信息。具体办法由国务院核安全监督管理部门制定。

第六十五条 对依法公开的核安全信息，应当通过政府公告、网站以及其他便于公众知晓的方式，及时向社会公开。

公民、法人和其他组织，可以依法向国务院核安全监督管理部门和核设施所在地省、自治区、直辖市人民政府指定的部门申请获取核安全相关信息。

第六十六条 核设施营运单位应当就涉及公众利益的重大核安全事项通过问卷调查、听证会、论证会、座谈会，或者采取其他形式征求利益相关方的意见，并以适当形式反馈。

核设施所在地省、自治区、直辖市人民政府应当就影响公众利益的重大核安全事项举行听证会、论证会、座谈会，或者采取其他形式征求利益相关方的意见，并以适当形式反馈。

第六十七条 核设施营运单位应当采取下列措施，开展核安全宣传活动：

（一）在保证核设施安全的前提下，对公众有序开放核设施；

（二）与学校合作，开展对学生的核安全知识教育活动；

（三）建设核安全宣传场所，印制和发放核安全宣传材料；

（四）法律、行政法规规定的其他措施。

第六十八条 公民、法人和其他组织有权对存在核安全隐患或者违反核安全法律、行政法规的行为，向国务院核安全监督管理部门或者其他有关部门举报。

公民、法人和其他组织不得编造、散布核安全虚假信息。

第六十九条 涉及国家秘密、商业秘密和个人信息的政府信息公开，按照国家有关规定执行。

第六章 监督检查

第七十条 国家建立核安全监督检查制度。

国务院核安全监督管理部门和其他有关部门应当对从事核安全活动的单位遵守核安全法律、行政法规、规章和标准的情况进行监督检查。

国务院核安全监督管理部门可以在核设施集中的地区设立派出机构。国务院核安全监督管理部门或者其派出机构应当向核设施建造、运行、退役等现场派遣监督检查人员，进行核安全监督检查。

第七十一条 国务院核安全监督管理部门和其他有关部门应当加强核安全监管能力建设，提高核安全监管水平。

国务院核安全监督管理部门应当组织开展核安全监管技术研究开发，保持与核安全监督管理相适应的技术评价能力。

第七十二条 国务院核安全监督管理部门和其他有关部门进行核安全监督检查时，有权采取下列措施：

（一）进入现场进行监测、检查或者核查；

（二）调阅相关文件、资料和记录；

（三）向有关人员调查、了解情况；

（四）发现问题的，现场要求整改。

国务院核安全监督管理部门和其他有关部门应当将监督检查情况形成报告，建立档案。

第七十三条 对国务院核安全监督管理部门和其他有关部门依法进行的监督检查，从事核安全活动的单位应当予以配合，如实说明情况，提供必要资料，不得拒绝、阻挠。

第七十四条 核安全监督检查人员应当忠于职守，勤勉尽责，秉公执法。

核安全监督检查人员应当具备与监督检查活动相应的专业知识和业务能力，并定期接受培训。

核安全监督检查人员执行监督检查任务，应当出示有效证件，对获知的国家秘密、商业秘密和个人信息，应当依法予以保密。

第七章 法律责任

第七十五条 违反本法规定，有下列情形之一的，对直接负责的主管人员和其他直接责任人员依法给予处分：

（一）国务院核安全监督管理部门或者其他有关部门未依法对许可申请进行审批的；

（二）国务院有关部门或者核设施所在地省、自治区、直辖市人民政府指定的部门未依法公开核安全相关信息的；

（三）核设施所在地省、自治区、直辖市人民政府未就影响公众利益的重大核安全事项征求利益相关方意见的；

（四）国务院核安全监督管理部门或者其他有关部门未将监督检查情况形

成报告，或者未建立档案的；

（五）核安全监督检查人员执行监督检查任务，未出示有效证件，或者对获知的国家秘密、商业秘密、个人信息未依法予以保密的；

（六）国务院核安全监督管理部门或者其他有关部门，省、自治区、直辖市人民政府有关部门有其他滥用职权、玩忽职守、徇私舞弊行为的。

第七十六条 违反本法规定，危害核设施、核材料安全，或者编造、散布核安全虚假信息，构成违反治安管理行为的，由公安机关依法给予治安管理处罚。

第七十七条 违反本法规定，有下列情形之一的，由国务院核安全监督管理部门或者其他有关部门责令改正，给予警告；情节严重的，处二十万元以上一百万元以下的罚款；拒不改正的，责令停止建设或者停产整顿：

（一）核设施营运单位未设置核设施纵深防御体系的；

（二）核设施营运单位或者为其提供设备、工程以及服务等的单位未建立或者未实施质量保证体系的；

（三）核设施营运单位未按照要求控制辐射照射剂量的；

（四）核设施营运单位未建立核安全经验反馈体系的；

（五）核设施营运单位未就涉及公众利益的重大核安全事项征求利益相关方意见的。

第七十八条 违反本法规定，在规划限制区内建设可能威胁核设施安全的易燃、易爆、腐蚀性物品的生产、贮存设施或者人口密集场所的，由国务院核安全监督管理部门责令限期拆除，恢复原状，处十万元以上五十万元以下的罚款。

第七十九条 违反本法规定，核设施营运单位有下列情形之一的，由国务院核安全监督管理部门责令改正，处一百万元以上五百万元以下的罚款；拒不改正的，责令停止建设或者停产整顿；有违法所得的，没收违法所得；造成环境污染的，责令限期采取治理措施消除污染，逾期不采取措施的，指定有能力的单位代为履行，所需费用由污染者承担；对直接负责的主管人员和其他直接责任人员，处五万元以上二十万元以下的罚款：

（一）未经许可，从事核设施建造、运行或者退役等活动的；

（二）未经许可，变更许可文件规定条件的；

（三）核设施运行许可证有效期届满，未经审查批准，继续运行核设施的；

（四）未经审查批准，进口核设施的。

第八十条 违反本法规定，核设施营运单位有下列情形之一的，由国务院核安全监督管理部门责令改正，给予警告；情节严重的，处五十万元以上二百万元以下的罚款；造成环境污染的，责令限期采取治理措施消除污染，逾期不采取措施的，指定有能力的单位代为履行，所需费用由污染者承担：

（一）未对核设施进行定期安全评价，或者不接受国务院核安全监督管理部门审查的；

（二）核设施终止运行后，未采取安全方式进行停闭管理，或者未确保退役所需的基本功能、技术人员和文件的；

（三）核设施退役时，未将构筑物、系统或者设备的放射性水平降低至满足标准的要求的；

（四）未将产生的放射性固体废物或者不能经净化排放的放射性废液转变为稳定的、标准化的固体废物，及时送交放射性废物处置单位处置的；

（五）未对产生的放射性废气进行处理，或者未达到国家放射性污染防治标准排放的。

第八十一条 违反本法规定，核设施营运单位未对核设施周围环境中所含的放射性核素的种类、浓度或者核设施流出物中的放射性核素总量实施监测，或者未按照规定报告监测结果的，由国务院环境保护主管部门或者所在地省、自治区、直辖市人民政府环境保护主管部门责令改正，处十万元以上五十万元以下的罚款。

第八十二条 违反本法规定，受委托的技术支持单位出具虚假技术评价结论的，由国务院核安全监督管理部门处二十万元以上一百万元以下的罚款；有违法所得的，没收违法所得；对直接负责的主管人员和其他直接责任人员处十万元以上二十万元以下的罚款。

第八十三条 违反本法规定，有下列情形之一的，由国务院核安全监督管理部门责令改正，处五十万元以上一百万元以下的罚款；有违法所得的，没收违法所得；对直接负责的主管人员和其他直接责任人员处二万元以上十万元以下的罚款：

（一）未经许可，为核设施提供核安全设备设计、制造、安装或者无损检验服务的；

（二）未经注册，境外机构为境内核设施提供核安全设备设计、制造、安装或者无损检验服务的。

第八十四条 违反本法规定，核设施营运单位或者核安全设备制造、安装、无损检验单位聘用未取得相应资格证书的人员从事与核设施安全专业技术有关的工作的，由国务院核安全监督管理部门责令改正，处十万元以上五十万元以下的罚款；拒不改正的，暂扣或者吊销许可证，对直接负责的主管人员和其他直接责任人员处二万元以上十万元以下的罚款。

第八十五条 违反本法规定，未经许可持有核材料的，由国务院核工业主管部门没收非法持有的核材料，并处十万元以上五十万元以下的罚款；有违法所得的，没收违法所得。

第八十六条 违反本法规定，有下列情形之一的，由国务院核安全监督管理部门责令改正，处十万元以上五十万元以下的罚款；情节严重的，处五十万元以上二百万元以下的罚款；造成环境污染的，责令限期采取治理措施消除污染，逾期不采取措施的，指定有能力的单位代为履行，所需费用由污染者承担：

（一）未经许可，从事放射性废物处理、贮存、处置活动的；

（二）未建立放射性废物处置情况记录档案，未如实记录与处置活动有关的事项，或者未永久保存记录档案的；

（三）对应当关闭的放射性废物处置设施，未依法办理关闭手续的；

（四）关闭放射性废物处置设施，未在划定的区域设置永久性标记的；

（五）未编制放射性废物处置设施关闭安全监护计划的；

（六）放射性废物处置设施关闭后，未按照经批准的安全监护计划进行安全监护的。

第八十七条 违反本法规定，核设施营运单位有下列情形之一的，由国务院核安全监督管理部门责令改正，处十万元以上五十万元以下的罚款；对直接负责的主管人员和其他直接责任人员，处二万元以上五万元以下的罚款：

（一）未按照规定制定场内核事故应急预案的；

（二）未按照应急预案配备应急设备，未开展应急工作人员培训或者演练的；

（三）未按照核事故应急救援工作的要求，实施应急响应支援的。

第八十八条 违反本法规定，核设施营运单位未按照规定公开相关信息的，由国务院核安全监督管理部门责令改正；拒不改正的，处十万元以上五十万元以下的罚款。

第八十九条 违反本法规定，对国务院核安全监督管理部门或者其他有关部门依法进行的监督检查，从事核安全活动的单位拒绝、阻挠的，由国务院核安全监督管理部门或者其他有关部门责令改正，可以处十万元以上五十万元以下的罚款；拒不改正的，暂扣或者吊销其许可证；构成违反治安管理行为的，由公安机关依法给予治安管理处罚。

第九十条 因核事故造成他人人身伤亡、财产损失或者环境损害的，核设施营运单位应当按照国家核损害责任制度承担赔偿责任，但能够证明损害是因战争、武装冲突、暴乱等情形造成的除外。

为核设施营运单位提供设备、工程以及服务等的单位不承担核损害赔偿责任。核设施营运单位与其有约定的，在承担赔偿责任后，可以按照约定追偿。

核设施营运单位应当通过投保责任保险、参加互助机制等方式，作出适当的财务保证安排，确保能够及时、有效履行核损害赔偿责任。

第九十一条 违反本法规定，构成犯罪的，依法追究刑事责任。

第八章　附　则

第九十二条 军工、军事核安全，由国务院、中央军事委员会依照本法规定的原则另行规定。

第九十三条 本法中下列用语的含义：

核事故，是指核设施内的核燃料、放射性产物、放射性废物或者运入运出核设施的核材料所发生的放射性、毒害性、爆炸性或者其他危害性事故，或者一系列事故。

纵深防御，是指通过设定一系列递进并且独立的防护、缓解措施或者实物屏障，防止核事故发生，减轻核事故后果。

核设施营运单位，是指在中华人民共和国境内，申请或者持有核设施安全许可证，可以经营和运行核设施的单位。

核安全设备，是指在核设施中使用的执行核安全功能的设备，包括核安全机械设备和核安全电气设备。

乏燃料，是指在反应堆堆芯内受过辐照并从堆芯永久卸出的核燃料。

停闭，是指核设施已经停止运行，并且不再启动。

退役，是指采取去污、拆除和清除等措施，使核设施不再使用的场所或者设备的辐射剂量满足国家相关标准的要求。

经验反馈，是指对核设施的事件、质量问题和良好实践等信息进行收集、筛选、评价、分析、处理和分发，总结推广良好实践经验，防止类似事件和问题重复发生。

托运人，是指在中华人民共和国境内，申请将托运货物提交运输并获得批准的单位。

第九十四条 本法自 2018 年 1 月 1 日起施行。

中华人民共和国主席令

第六号

《中华人民共和国放射性污染防治法》已由中华人民共和国第十届全国人民代表大会常务委员会第三次会议于2003年6月28日通过，现予公布，自2003年10月1日起施行。

中华人民共和国主席　胡锦涛

2003年6月28日

中华人民共和国放射性污染防治法

（2003 年 6 月 28 日第十届全国人民代表大会常务委员会第三次会议通过）

目　录

第一章　总　则

第一条　为了防治放射性污染，保护环境，保障人体健康，促进核能、核技术的开发与和平利用，制定本法。

第二条　本法适用于中华人民共和国领域和管辖的其他海域在核设施选址、建造、运行、退役和核技术、铀（钍）矿、伴生放射性矿开发利用过程中发生的放射性污染的防治活动。

第三条 国家对放射性污染的防治，实行预防为主、防治结合、严格管理、安全第一的方针。

第四条 国家鼓励、支持放射性污染防治的科学研究和技术开发利用，推广先进的放射性污染防治技术。

国家支持开展放射性污染防治的国际交流与合作。

第五条 县级以上人民政府应当将放射性污染防治工作纳入环境保护规划。

县级以上人民政府应当组织开展有针对性的放射性污染防治宣传教育，使公众了解放射性污染防治的有关情况和科学知识。

第六条 任何单位和个人有权对造成放射性污染的行为提出检举和控告。

第七条 在放射性污染防治工作中作出显著成绩的单位和个人，由县级以上人民政府给予奖励。

第八条 国务院环境保护行政主管部门对全国放射性污染防治工作依法实施统一监督管理。

国务院卫生行政部门和其他有关部门依据国务院规定的职责，对有关的放射性污染防治工作依法实施监督管理。

第二章 放射性污染防治的监督管理

第九条 国家放射性污染防治标准由国务院环境保护行政主管部门根据环境安全要求、国家经济技术条件制定。国家放射性污染防治标准由国务院环境保护行政主管部门和国务院标准化行政主管部门联合发布。

第十条 国家建立放射性污染监测制度。国务院环境保护行政主管部门会同国务院其他有关部门组织环境监测网络，对放射性污染实施监测管理。

第十一条 国务院环境保护行政主管部门和国务院其他有关部门，按照职责分工，各负其责，互通信息，密切配合，对核设施、铀（钍）矿开发利用中的放射性污染防治进行监督检查。

县级以上地方人民政府环境保护行政主管部门和同级其他有关部门，按照职责分工，各负其责，互通信息，密切配合，对本行政区域内核技术利用、伴生放射性矿开发利用中的放射性污染防治进行监督检查。

监督检查人员进行现场检查时，应当出示证件。被检查的单位必须如实反映情况，提供必要的资料。监督检查人员应当为被检查单位保守技术秘密和业务秘密。对涉及国家秘密的单位和部位进行检查时，应当遵守国家有关保守国家秘密的规定，依法办理有关审批手续。

第十二条 核设施营运单位、核技术利用单位、铀（钍）矿和伴生放射性矿开发利用单位，负责本单位放射性污染的防治，接受环境保护行政主管部门和其他有关部门的监督管理，并依法对其造成的放射性污染承担责任。

第十三条 核设施营运单位、核技术利用单位、铀（钍）矿和伴生放射性矿开发利用单位，必须采取安全与防护措施，预防发生可能导致放射性污染的各类事故，避免放射性污染危害。

核设施营运单位、核技术利用单位、铀（钍）矿和伴生放射性矿开发利用单位，应当对其工作人员进行放射性安全教育、培训，采取有效的防护安全措施。

第十四条 国家对从事放射性污染防治的专业人员实行资格管理制度；对

从事放射性污染监测工作的机构实行资质管理制度。

第十五条 运输放射性物质和含放射源的射线装置，应当采取有效措施，防止放射性污染。具体办法由国务院规定。

第十六条 放射性物质和射线装置应当设置明显的放射性标识和中文警示说明。生产、销售、使用、贮存、处置放射性物质和射线装置的场所，以及运输放射性物质和含放射源的射线装置的工具，应当设置明显的放射性标志。

第十七条 含有放射性物质的产品，应当符合国家放射性污染防治标准；不符合国家放射性污染防治标准的，不得出厂和销售。

使用伴生放射性矿渣和含有天然放射性物质的石材做建筑和装修材料，应当符合国家建筑材料放射性核素控制标准。

第三章 核设施的放射性污染防治

第十八条 核设施选址，应当进行科学论证，并按照国家有关规定办理审批手续。在办理核设施选址审批手续前，应当编制环境影响报告书，报国务院环境保护行政主管部门审查批准；未经批准，有关部门不得办理核设施选址批准文件。

第十九条 核设施营运单位在进行核设施建造、装料、运行、退役等活动前，必须按照国务院有关核设施安全监督管理的规定，申请领取核设施建造、运行许可证和办理装料、退役等审批手续。

核设施营运单位领取有关许可证或者批准文件后，方可进行相应的建造、装料、运行、退役等活动。

第二十条 核设施营运单位应当在申请领取核设施建造、运行许可证和办理退役审批手续前编制环境影响报告书，报国务院环境保护行政主管部门审查批准；未经批准，有关部门不得颁发许可证和办理批准文件。

第二十一条 与核设施相配套的放射性污染防治设施，应当与主体工程同时设计、同时施工、同时投入使用。

放射性污染防治设施应当与主体工程同时验收；验收合格的，主体工程方可投入生产或者使用。

第二十二条 进口核设施，应当符合国家放射性污染防治标准；没有相应的国家放射性污染防治标准的，采用国务院环境保护行政主管部门指定的国外有关标准。

第二十三条 核动力厂等重要核设施外围地区应当划定规划限制区。规划限制区的划定和管理办法，由国务院规定。

第二十四条 核设施营运单位应当对核设施周围环境中所含的放射性核素的种类、浓度以及核设施流出物中的放射性核素总量实施监测，并定期向国务院环境保护行政主管部门和所在地省、自治区、直辖市人民政府环境保护行政主管部门报告监测结果。

国务院环境保护行政主管部门负责对核动力厂等重要核设施实施监督性监测，并根据需要对其他核设施的流出物实施监测。监督性监测系统的建设、运行和维护费用由财政预算安排。

第二十五条 核设施营运单位应当建立健全安全保卫制度，加强安全保卫工作，并接受公安部门的监督指导。

核设施营运单位应当按照核设施的规模和性质制定核事故场内应急计划，做好应急准备。

出现核事故应急状态时，核设施营运单位必须立即采取有效的应急措施控制事故，并向核设施主管部门和环境保护行政主管部门、卫生行政部门、公安部门以及其他有关部门报告。

第二十六条 国家建立健全核事故应急制度。

核设施主管部门、环境保护行政主管部门、卫生行政部门、公安部门以及其他有关部门，在本级人民政府的组织领导下，按照各自的职责依法做好核事故应急工作。

中国人民解放军和中国人民武装警察部队按照国务院、中央军事委员会的有关规定在核事故应急中实施有效的支援。

第二十七条 核设施营运单位应当制定核设施退役计划。

核设施的退役费用和放射性废物处置费用应当预提，列入投资概算或者生产成本。核设施的退役费用和放射性废物处置费用的提取和管理办法，由国务院财政部门、价格主管部门会同国务院环境保护行政主管部门、核设施主管部门规定。

第四章 核技术利用的放射性污染防治

第二十八条 生产、销售、使用放射性同位素和射线装置的单位，应当按照国务院有关放射性同位素与射线装置放射防护的规定申请领取许可证，办理登记手续。

转让、进口放射性同位素和射线装置的单位以及装备有放射性同位素的仪表的单位，应当按照国务院有关放射性同位素与射线装置放射防护的规定办理有关手续。

第二十九条 生产、销售、使用放射性同位素和加速器、中子发生器以及含放射源的射线装置的单位,应当在申请领取许可证前编制环境影响评价文件,报省、自治区、直辖市人民政府环境保护行政主管部门审查批准;未经批准,有关部门不得颁发许可证。

国家建立放射性同位素备案制度。具体办法由国务院规定。

第三十条 新建、改建、扩建放射工作场所的放射防护设施,应当与主体工程同时设计、同时施工、同时投入使用。

放射防护设施应当与主体工程同时验收;验收合格的,主体工程方可投入生产或者使用。

第三十一条 放射性同位素应当单独存放,不得与易燃、易爆、腐蚀性物品等一起存放,其贮存场所应当采取有效的防火、防盗、防射线泄漏的安全防护措施,并指定专人负责保管。贮存、领取、使用、归还放射性同位素时,应当进行登记、检查,做到账物相符。

第三十二条 生产、使用放射性同位素和射线装置的单位,应当按照国务院环境保护行政主管部门的规定对其产生的放射性废物进行收集、包装、贮存。

生产放射源的单位,应当按照国务院环境保护行政主管部门的规定回收和利用废旧放射源;使用放射源的单位,应当按照国务院环境保护行政主管部门的规定将废旧放射源交回生产放射源的单位或者送交专门从事放射性固体废物贮存、处置的单位。

第三十三条 生产、销售、使用、贮存放射源的单位,应当建立健全安全保卫制度,指定专人负责,落实安全责任制,制定必要的事故应急措施。发生放射源丢失、被盗和放射性污染事故时,有关单位和个人必须立即采取应急措施，并向公安部门、卫生行政部门和环境保护行政主管部门报告。

公安部门、卫生行政部门和环境保护行政主管部门接到放射源丢失、被盗和放射性污染事故报告后，应当报告本级人民政府，并按照各自的职责立即组织采取有效措施，防止放射性污染蔓延，减少事故损失。当地人民政府应当及时将有关情况告知公众，并做好事故的调查、处理工作。

第五章 铀（钍）矿和伴生放射性矿开发利用的放射性污染防治

第三十四条 开发利用或者关闭铀（钍）矿的单位，应当在申请领取采矿许可证或者办理退役审批手续前编制环境影响报告书，报国务院环境保护行政主管部门审查批准。

开发利用伴生放射性矿的单位，应当在申请领取采矿许可证前编制环境影响报告书，报省级以上人民政府环境保护行政主管部门审查批准。

第三十五条 与铀（钍）矿和伴生放射性矿开发利用建设项目相配套的放射性污染防治设施，应当与主体工程同时设计、同时施工、同时投入使用。

放射性污染防治设施应当与主体工程同时验收；验收合格的，主体工程方可投入生产或者使用。

第三十六条 铀（钍）矿开发利用单位应当对铀（钍）矿的流出物和周围的环境实施监测，并定期向国务院环境保护行政主管部门和所在地省、自治区、直辖市人民政府环境保护行政主管部门报告监测结果。

第三十七条 对铀（钍）矿和伴生放射性矿开发利用过程中产生的尾矿，应当建造尾矿库进行贮存、处置；建造的尾矿库应当符合放射性污染防治的要求。

第三十八条 铀（钍）矿开发利用单位应当制定铀（钍）矿退役计划。铀矿退役费用由国家财政预算安排。

第六章 放射性废物管理

第三十九条 核设施营运单位、核技术利用单位、铀（钍）矿和伴生放射性矿开发利用单位，应当合理选择和利用原材料，采用先进的生产工艺和设备，尽量减少放射性废物的产生量。

第四十条 向环境排放放射性废气、废液，必须符合国家放射性污染防治标准。

第四十一条 产生放射性废气、废液的单位向环境排放符合国家放射性污染防治标准的放射性废气、废液，应当向审批环境影响评价文件的环境保护行政主管部门申请放射性核素排放量，并定期报告排放计量结果。

第四十二条 产生放射性废液的单位，必须按照国家放射性污染防治标准的要求，对不得向环境排放的放射性废液进行处理或者贮存。

产生放射性废液的单位，向环境排放符合国家放射性污染防治标准的放射性废液，必须采用符合国务院环境保护行政主管部门规定的排放方式。

禁止利用渗井、渗坑、天然裂隙、溶洞或者国家禁止的其他方式排放放射性废液。

第四十三条 低、中水平放射性固体废物在符合国家规定的区域实行近地表处置。

高水平放射性固体废物实行集中的深地质处置。

α放射性固体废物依照前款规定处置。

禁止在内河水域和海洋上处置放射性固体废物。

第四十四条 国务院核设施主管部门会同国务院环境保护行政主管部门根据地质条件和放射性固体废物处置的需要，在环境影响评价的基础上编制放射性固体废物处置场所选址规划，报国务院批准后实施。

有关地方人民政府应当根据放射性固体废物处置场所选址规划，提供放射性固体废物处置场所的建设用地，并采取有效措施支持放射性固体废物的处置。

第四十五条 产生放射性固体废物的单位，应当按照国务院环境保护行政主管部门的规定，对其产生的放射性固体废物进行处理后，送交放射性固体废物处置单位处置，并承担处置费用。

放射性固体废物处置费用收取和使用管理办法，由国务院财政部门、价格主管部门会同国务院环境保护行政主管部门规定。

第四十六条 设立专门从事放射性固体废物贮存、处置的单位，必须经国务院环境保护行政主管部门审查批准，取得许可证。具体办法由国务院规定。

禁止未经许可或者不按照许可的有关规定从事贮存和处置放射性固体废物的活动。

禁止将放射性固体废物提供或者委托给无许可证的单位贮存和处置。

第四十七条 禁止将放射性废物和被放射性污染的物品输入中华人民共和国境内或者经中华人民共和国境内转移。

第七章 法律责任

第四十八条 放射性污染防治监督管理人员违反法律规定，利用职务上的便利收受他人财物、谋取其他利益，或者玩忽职守，有下列行为之一的，依法给予行政处分；构成犯罪的，依法追究刑事责任：

（一）对不符合法定条件的单位颁发许可证和办理批准文件的；

（二）不依法履行监督管理职责的；

（三）发现违法行为不予查处的。

第四十九条 违反本法规定，有下列行为之一的，由县级以上人民政府环境保护行政主管部门或者其他有关部门依据职权责令限期改正，可以处二万元以下罚款：

（一）不按照规定报告有关环境监测结果的；

（二）拒绝环境保护行政主管部门和其他有关部门进行现场检查，或者被检查时不如实反映情况和提供必要资料的。

第五十条 违反本法规定，未编制环境影响评价文件，或者环境影响评价文件未经环境保护行政主管部门批准，擅自进行建造、运行、生产和使用等活动的，由审批环境影响评价文件的环境保护行政主管部门责令停止违法行为，限期补办手续或者恢复原状，并处一万元以上二十万元以下罚款。

第五十一条 违反本法规定，未建造放射性污染防治设施、放射防护设施，或者防治防护设施未经验收合格，主体工程即投入生产或者使用的，由审批环境影响评价文件的环境保护行政主管部门责令停止违法行为，限期改正，并处五万元以上二十万元以下罚款。

第五十二条 违反本法规定，未经许可或者批准，核设施营运单位擅自进行核设施的建造、装料、运行、退役等活动的，由国务院环境保护行政主管部门责令停止违法行为，限期改正，并处二十万元以上五十万元以下罚款；构成犯罪的，依法追究刑事责任。

第五十三条 违反本法规定，生产、销售、使用、转让、进口、贮存放射性同位素和射线装置以及装备有放射性同位素的仪表的，由县级以上人民政府环境保护行政主管部门或者其他有关部门依据职权责令停止违法行为，限期改正；逾期不改正的，责令停产停业或者吊销许可证；有违法所得的，没收违法所得；违法所得十万元以上的，并处违法所得一倍以上五倍以下罚款；没有违法所得或者违法所得不足十万元的，并处一万元以上十万元以下罚款；构成犯罪的，依法追究刑事责任。

第五十四条 违反本法规定，有下列行为之一的，由县级以上人民政府环境保护行政主管部门责令停止违法行为，限期改正，处以罚款；构成犯罪的，依法追究刑事责任：

（一）未建造尾矿库或者不按照放射性污染防治的要求建造尾矿库，贮存、处置铀（钍）矿和伴生放射性矿的尾矿的；

（二）向环境排放不得排放的放射性废气、废液的；

（三）不按照规定的方式排放放射性废液，利用渗井、渗坑、天然裂隙、溶洞或者国家禁止的其他方式排放放射性废液的；

（四）不按照规定处理或者贮存不得向环境排放的放射性废液的；

（五）将放射性固体废物提供或者委托给无许可证的单位贮存和处置的。

有前款第（一）项、第（二）项、第（三）项、第（五）项行为之一的，处十万元以上二十万元以下罚款；有前款第（四）项行为的，处一万元以上十万元以下罚款。

第五十五条 违反本法规定，有下列行为之一的，由县级以上人民政府环境保护行政主管部门或者其他有关部门依据职权责令限期改正；逾期不改正的，责令停产停业，并处二万元以上十万元以下罚款；构成犯罪的，依法追究刑事责任：

（一）不按照规定设置放射性标识、标志、中文警示说明的；

（二）不按照规定建立健全安全保卫制度和制定事故应急计划或者应急措施的；

（三）不按照规定报告放射源丢失、被盗情况或者放射性污染事故的。

第五十六条 产生放射性固体废物的单位，不按照本法第四十五条的规定对其产生的放射性固体废物进行处置的，由审批该单位立项环境影响评价文件的环境保护行政主管部门责令停止违法行为，限期改正；逾期不改正的，指定有处置能力的单位代为处置，所需费用由产生放射性固体废物的单位承担，可以并处二十万元以下罚款；构成犯罪的，依法追究刑事责任。

第五十七条 违反本法规定，有下列行为之一的，由省级以上人民政府环境保护行政主管部门责令停产停业或者吊销许可证；有违法所得的，没收违法所得；违法所得十万元以上的，并处违法所得一倍以上五倍以下罚款；没有违法所得或者违法所得不足十万元的，并处五万元以上十万元以下罚款；构成犯罪的，依法追究刑事责任：

（一）未经许可，擅自从事贮存和处置放射性固体废物活动的；

（二）不按照许可的有关规定从事贮存和处置放射性固体废物活动的。

第五十八条 向中华人民共和国境内输入放射性废物和被放射性污染的物品，或者经中华人民共和国境内转移放射性废物和被放射性污染的物品的，由海关责令退运该放射性废物和被放射性污染的物品，并处五十万元以上一百万元以下罚款；构成犯罪的，依法追究刑事责任。

第五十九条 因放射性污染造成他人损害的，应当依法承担民事责任。

第八章 附 则

第六十条 军用设施、装备的放射性污染防治，由国务院和军队的有关主管部门依照本法规定的原则和国务院、中央军事委员会规定的职责实施监督管理。

第六十一条 劳动者在职业活动中接触放射性物质造成的职业病的防治，依照《中华人民共和国职业病防治法》的规定执行。

第六十二条 本法中下列用语的含义：

（一）放射性污染，是指由于人类活动造成物料、人体、场所、环境介质表面或者内部出现超过国家标准的放射性物质或者射线。

（二）核设施，是指核动力厂（核电厂、核热电厂、核供汽供热厂等）和其他反应堆（研究堆、实验堆、临界装置等）；核燃料生产、加工、贮存和后处理设施；放射性废物的处理和处置设施等。

（三）核技术利用，是指密封放射源、非密封放射源和射线装置在医疗、工业、农业、地质调查、科学研究和教学等领域中的使用。

（四）放射性同位素，是指某种发生放射性衰变的元素中具有相同原子序数但质量不同的核素。

（五）放射源，是指除研究堆和动力堆核燃料循环范畴的材料以外，永久密封在容器中或者有严密包层并呈固态的放射性材料。

（六）射线装置，是指X线机、加速器、中子发生器以及含放射源的装置。

（七）伴生放射性矿，是指含有较高水平天然放射性核素浓度的非铀矿（如稀土矿和磷酸盐矿等）。

（八）放射性废物，是指含有放射性核素或者被放射性核素污染，其浓度或者比活度大于国家确定的清洁解控水平，预期不再使用的废弃物。

第六十三条 本法自 2003 年 10 月 1 日起施行。

二、行政法规

中华人民共和国国务院令

第612号

《放射性废物安全管理条例》已经2011年11月30日国务院第183次常务会议通过，现予公布，自2012年3月1日起施行。

总　理　温家宝

二〇一一年十二月二十日

放射性废物安全管理条例

目　录

第一章　总　则

第一条　为了加强对放射性废物的安全管理，保护环境，保障人体健康，根据《中华人民共和国放射性污染防治法》，制定本条例。

第二条　本条例所称放射性废物，是指含有放射性核素或者被放射性核素污染，其放射性核素浓度或者比活度大于国家确定的清洁解控水平，预期不再使用的废弃物。

第三条　放射性废物的处理、贮存和处置及其监督管理等活动，适用本条例。

本条例所称处理，是指为了能够安全和经济地运输、贮存、处置放射性废物，通过净化、浓缩、固化、压缩和包装等手段，改变放射性废物的属性、形态和体积的活动。

本条例所称贮存，是指将废旧放射源和其他放射性固体废物临时放置于专门建造的设施内进行保管的活动。

本条例所称处置，是指将废旧放射源和其他放射性固体废物最终放置于专门建造的设施内并不再回取的活动。

第四条 放射性废物的安全管理，应当坚持减量化、无害化和妥善处置、永久安全的原则。

第五条 国务院环境保护主管部门统一负责全国放射性废物的安全监督管理工作。

国务院核工业行业主管部门和其他有关部门，依照本条例的规定和各自的职责负责放射性废物的有关管理工作。

县级以上地方人民政府环境保护主管部门和其他有关部门依照本条例的规定和各自的职责负责本行政区域放射性废物的有关管理工作。

第六条 国家对放射性废物实行分类管理。

根据放射性废物的特性及其对人体健康和环境的潜在危害程度，将放射性废物分为高水平放射性废物、中水平放射性废物和低水平放射性废物。

第七条 放射性废物的处理、贮存和处置活动，应当遵守国家有关放射性污染防治标准和国务院环境保护主管部门的规定。

第八条 国务院环境保护主管部门会同国务院核工业行业主管部门和其他有关部门建立全国放射性废物管理信息系统，实现信息共享。

国家鼓励、支持放射性废物安全管理的科学研究和技术开发利用，推广先进的放射性废物安全管理技术。

第九条 任何单位和个人对违反本条例规定的行为，有权向县级以上人民政府环境保护主管部门或者其他有关部门举报。接到举报的部门应当及时调查处理，并为举报人保密；经调查情况属实的，对举报人给予奖励。

第二章 放射性废物的处理和贮存

第十条 核设施营运单位应当将其产生的不能回收利用并不能返回原生产单位或者出口方的废旧放射源（以下简称废旧放射源），送交取得相应许可证的放射性固体废物贮存单位集中贮存，或者直接送交取得相应许可证的放射性固体废物处置单位处置。

核设施营运单位应当对其产生的除废旧放射源以外的放射性固体废物和不能经净化排放的放射性废液进行处理，使其转变为稳定的、标准化的固体废物后自行贮存，并及时送交取得相应许可证的放射性固体废物处置单位处置。

第十一条 核技术利用单位应当对其产生的不能经净化排放的放射性废液进行处理，转变为放射性固体废物。

核技术利用单位应当及时将其产生的废旧放射源和其他放射性固体废物，送交取得相应许可证的放射性固体废物贮存单位集中贮存，或者直接送交取得相应许可证的放射性固体废物处置单位处置。

第十二条 专门从事放射性固体废物贮存活动的单位，应当符合下列条件，并依照本条例的规定申请领取放射性固体废物贮存许可证：

（一）有法人资格；

（二）有能保证贮存设施安全运行的组织机构和 3 名以上放射性废物管理、

辐射防护、环境监测方面的专业技术人员，其中至少有1名注册核安全工程师；

（三）有符合国家有关放射性污染防治标准和国务院环境保护主管部门规定的放射性固体废物接收、贮存设施和场所，以及放射性检测、辐射防护与环境监测设备；

（四）有健全的管理制度以及符合核安全监督管理要求的质量保证体系，包括质量保证大纲、贮存设施运行监测计划、辐射环境监测计划和应急方案等。

核设施营运单位利用与核设施配套建设的贮存设施，贮存本单位产生的放射性固体废物的，不需要申请领取贮存许可证；贮存其他单位产生的放射性固体废物的，应当依照本条例的规定申请领取贮存许可证。

第十三条 申请领取放射性固体废物贮存许可证的单位，应当向国务院环境保护主管部门提出书面申请，并提交其符合本条例第十二条规定条件的证明材料。

国务院环境保护主管部门应当自受理申请之日起20个工作日内完成审查，对符合条件的颁发许可证，予以公告；对不符合条件的，书面通知申请单位并说明理由。

国务院环境保护主管部门在审查过程中，应当组织专家进行技术评审，并征求国务院其他有关部门的意见。技术评审所需时间应当书面告知申请单位。

第十四条 放射性固体废物贮存许可证应当载明下列内容：

（一）单位的名称、地址和法定代表人；

（二）准予从事的活动种类、范围和规模；

（三）有效期限；

（四）发证机关、发证日期和证书编号。

第十五条　放射性固体废物贮存单位变更单位名称、地址、法定代表人的，应当自变更登记之日起 20 日内，向国务院环境保护主管部门申请办理许可证变更手续。

放射性固体废物贮存单位需要变更许可证规定的活动种类、范围和规模的，应当按照原申请程序向国务院环境保护主管部门重新申请领取许可证。

第十六条　放射性固体废物贮存许可证的有效期为 10 年。

许可证有效期届满，放射性固体废物贮存单位需要继续从事贮存活动的，应当于许可证有效期届满 90 日前，向国务院环境保护主管部门提出延续申请。

国务院环境保护主管部门应当在许可证有效期届满前完成审查，对符合条件的准予延续；对不符合条件的，书面通知申请单位并说明理由。

第十七条　放射性固体废物贮存单位应当按照国家有关放射性污染防治标准和国务院环境保护主管部门的规定，对其接收的废旧放射源和其他放射性固体废物进行分类存放和清理，及时予以清洁解控或者送交取得相应许可证的放射性固体废物处置单位处置。

放射性固体废物贮存单位应当建立放射性固体废物贮存情况记录档案，如实完整地记录贮存的放射性固体废物的来源、数量、特征、贮存位置、清洁解控、送交处置等与贮存活动有关的事项。

放射性固体废物贮存单位应当根据贮存设施的自然环境和放射性固体废物特性采取必要的防护措施，保证在规定的贮存期限内贮存设施、容器的完好和放射性固体废物的安全，并确保放射性固体废物能够安全回取。

第十八条 放射性固体废物贮存单位应当根据贮存设施运行监测计划和辐射环境监测计划，对贮存设施进行安全性检查，并对贮存设施周围的地下水、地表水、土壤和空气进行放射性监测。

放射性固体废物贮存单位应当如实记录监测数据，发现安全隐患或者周围环境中放射性核素超过国家规定的标准的，应当立即查找原因，采取相应的防范措施，并向所在地省、自治区、直辖市人民政府环境保护主管部门报告。构成辐射事故的，应当立即启动本单位的应急方案，并依照《中华人民共和国放射性污染防治法》《放射性同位素与射线装置安全和防护条例》的规定进行报告，开展有关事故应急工作。

第十九条 将废旧放射源和其他放射性固体废物送交放射性固体废物贮存、处置单位贮存、处置时，送交方应当一并提供放射性固体废物的种类、数量、活度等资料和废旧放射源的原始档案，并按照规定承担贮存、处置的费用。

第三章　放射性废物的处置

第二十条 国务院核工业行业主管部门会同国务院环境保护主管部门根据地质、环境、社会经济条件和放射性固体废物处置的需要，在征求国务院有关部门意见并进行环境影响评价的基础上编制放射性固体废物处置场所选址规划，报国务院批准后实施。

有关地方人民政府应当根据放射性固体废物处置场所选址规划，提供放射性固体废物处置场所的建设用地，并采取有效措施支持放射性固体废物的处置。

第二十一条 建造放射性固体废物处置设施，应当按照放射性固体废物处置场所选址技术导则和标准的要求，与居住区、水源保护区、交通干道、工厂和企业等场所保持严格的安全防护距离，并对场址的地质构造、水文地质等自然条件以及社会经济条件进行充分研究论证。

第二十二条 建造放射性固体废物处置设施，应当符合放射性固体废物处置场所选址规划，并依法办理选址批准手续和建造许可证。不符合选址规划或者选址技术导则、标准的，不得批准选址或者建造。

高水平放射性固体废物和α放射性固体废物深地质处置设施的工程和安全技术研究、地下实验、选址和建造，由国务院核工业行业主管部门组织实施。

第二十三条 专门从事放射性固体废物处置活动的单位，应当符合下列条件，并依照本条例的规定申请领取放射性固体废物处置许可证：

（一）有国有或者国有控股的企业法人资格。

（二）有能保证处置设施安全运行的组织机构和专业技术人员。低、中水平放射性固体废物处置单位应当具有10名以上放射性废物管理、辐射防护、环境监测方面的专业技术人员，其中至少有3名注册核安全工程师；高水平放射性固体废物和α放射性固体废物处置单位应当具有20名以上放射性废物管理、辐射防护、环境监测方面的专业技术人员，其中至少有5名注册核安全工程师。

（三）有符合国家有关放射性污染防治标准和国务院环境保护主管部门规定的放射性固体废物接收、处置设施和场所，以及放射性检测、辐射防护与环境监测设备。低、中水平放射性固体废物处置设施关闭后应满足300年以上的安全隔离要求；高水平放射性固体废物和α放射性固体废物深地质处置设施关闭后应满足1万年以上的安全隔离要求。

（四）有相应数额的注册资金。低、中水平放射性固体废物处置单位的注册资金应不少于3000万元；高水平放射性固体废物和α放射性固体废物处置单位的注册资金应不少于1亿元。

（五）有能保证其处置活动持续进行直至安全监护期满的财务担保。

（六）有健全的管理制度以及符合核安全监督管理要求的质量保证体系，包括质量保证大纲、处置设施运行监测计划、辐射环境监测计划和应急方案等。

第二十四条 放射性固体废物处置许可证的申请、变更、延续的审批权限和程序，以及许可证的内容、有效期限，依照本条例第十三条至第十六条的规定执行。

第二十五条 放射性固体废物处置单位应当按照国家有关放射性污染防治标准和国务院环境保护主管部门的规定，对其接收的放射性固体废物进行处置。

放射性固体废物处置单位应当建立放射性固体废物处置情况记录档案，如实记录处置的放射性固体废物的来源、数量、特征、存放位置等与处置活动有关的事项。放射性固体废物处置情况记录档案应当永久保存。

第二十六条 放射性固体废物处置单位应当根据处置设施运行监测计划和辐射环境监测计划，对处置设施进行安全性检查，并对处置设施周围的地下水、地表水、土壤和空气进行放射性监测。

放射性固体废物处置单位应当如实记录监测数据，发现安全隐患或者周围环境中放射性核素超过国家规定的标准的，应当立即查找原因，采取相应的防范措施，并向国务院环境保护主管部门和核工业行业主管部门报告。构成辐射事故的，应当立即启动本单位的应急方案，并依照《中华人民共和国放射性污染防治法》《放射性同位素与射线装置安全和防护条例》的规定进行报告，开展有关事故应急工作。

第二十七条 放射性固体废物处置设施设计服役期届满，或者处置的放射性固体废物已达到该设施的设计容量，或者所在地区的地质构造或者水文地质等条件发生重大变化导致处置设施不适宜继续处置放射性固体废物的，应当依法办理关闭手续，并在划定的区域设置永久性标记。

关闭放射性固体废物处置设施的，处置单位应当编制处置设施安全监护计划，报国务院环境保护主管部门批准。

放射性固体废物处置设施依法关闭后，处置单位应当按照经批准的安全监护计划，对关闭后的处置设施进行安全监护。放射性固体废物处置单位因破产、吊销许可证等原因终止的，处置设施关闭和安全监护所需费用由提供财务担保的单位承担。

第四章 监督管理

第二十八条 县级以上人民政府环境保护主管部门和其他有关部门，依照《中华人民共和国放射性污染防治法》和本条例的规定，对放射性废物处理、贮存和处置等活动的安全性进行监督检查。

第二十九条 县级以上人民政府环境保护主管部门和其他有关部门进行监督检查时，有权采取下列措施：

（一）向被检查单位的法定代表人和其他有关人员调查、了解情况；

（二）进入被检查单位进行现场监测、检查或者核查；

（三）查阅、复制相关文件、记录以及其他有关资料；

（四）要求被检查单位提交有关情况说明或者后续处理报告。

被检查单位应当予以配合，如实反映情况，提供必要的资料，不得拒绝和阻碍。

县级以上人民政府环境保护主管部门和其他有关部门的监督检查人员依法进行监督检查时，应当出示证件，并为被检查单位保守技术秘密和业务秘密。

第三十条 核设施营运单位、核技术利用单位和放射性固体废物贮存、处置单位，应当按照放射性废物危害的大小，建立健全相应级别的安全保卫制度，采取相应的技术防范措施和人员防范措施，并适时开展放射性废物污染事故应急演练。

第三十一条 核设施营运单位、核技术利用单位和放射性固体废物贮存、处置单位，应当对其直接从事放射性废物处理、贮存和处置活动的工作人员进行核与辐射安全知识以及专业操作技术的培训，并进行考核；考核合格的，方可从事该项工作。

第三十二条 核设施营运单位、核技术利用单位和放射性固体废物贮存单位应当按照国务院环境保护主管部门的规定定期如实报告放射性废物产生、排放、处理、贮存、清洁解控和送交处置等情况。

放射性固体废物处置单位应当于每年 3 月 31 日前，向国务院环境保护主管部门和核工业行业主管部门如实报告上一年度放射性固体废物接收、处置和设施运行等情况。

第三十三条 禁止将废旧放射源和其他放射性固体废物送交无相应许可证的单位贮存、处置或者擅自处置。

禁止无许可证或者不按照许可证规定的活动种类、范围、规模和期限从事放射性固体废物贮存、处置活动。

第三十四条 禁止将放射性废物和被放射性污染的物品输入中华人民共和

国境内或者经中华人民共和国境内转移。具体办法由国务院环境保护主管部门会同国务院商务主管部门、海关总署、国家出入境检验检疫主管部门制定。

第五章　法律责任

第三十五条　负有放射性废物安全监督管理职责的部门及其工作人员违反本条例规定，有下列行为之一的，对直接负责的主管人员和其他直接责任人员，依法给予处分；直接负责的主管人员和其他直接责任人员构成犯罪的，依法追究刑事责任：

（一）违反本条例规定核发放射性固体废物贮存、处置许可证的；

（二）违反本条例规定批准不符合选址规划或者选址技术导则、标准的处置设施选址或者建造的；

（三）对发现的违反本条例的行为不依法查处的；

（四）在办理放射性固体废物贮存、处置许可证以及实施监督检查过程中，索取、收受他人财物或者谋取其他利益的；

（五）其他徇私舞弊、滥用职权、玩忽职守行为。

第三十六条　违反本条例规定，核设施营运单位、核技术利用单位有下列行为之一的，由审批该单位立项环境影响评价文件的环境保护主管部门责令停止违法行为，限期改正；逾期不改正的，指定有相应许可证的单位代为贮存或者处置，所需费用由核设施营运单位、核技术利用单位承担，可以处20万元以下的罚款；构成犯罪的，依法追究刑事责任：

（一）核设施营运单位未按照规定，将其产生的废旧放射源送交贮存、处置，或者将其产生的其他放射性固体废物送交处置的；

（二）核技术利用单位未按照规定，将其产生的废旧放射源或者其他放射性固体废物送交贮存、处置的。

第三十七条 违反本条例规定，有下列行为之一的，由县级以上人民政府环境保护主管部门责令停止违法行为，限期改正，处 10 万元以上 20 万元以下的罚款；造成环境污染的，责令限期采取治理措施消除污染，逾期不采取治理措施，经催告仍不治理的，可以指定有治理能力的单位代为治理，所需费用由违法者承担；构成犯罪的，依法追究刑事责任：

（一）核设施营运单位将废旧放射源送交无相应许可证的单位贮存、处置，或者将其他放射性固体废物送交无相应许可证的单位处置，或者擅自处置的；

（二）核技术利用单位将废旧放射源或者其他放射性固体废物送交无相应许可证的单位贮存、处置，或者擅自处置的；

（三）放射性固体废物贮存单位将废旧放射源或者其他放射性固体废物送交无相应许可证的单位处置，或者擅自处置的。

第三十八条 违反本条例规定，有下列行为之一的，由省级以上人民政府环境保护主管部门责令停产停业或者吊销许可证；有违法所得的，没收违法所得；违法所得 10 万元以上的，并处违法所得 1 倍以上 5 倍以下的罚款；没有违法所得或者违法所得不足 10 万元的，并处 5 万元以上 10 万元以下的罚款；造成环境污染的，责令限期采取治理措施消除污染，逾期不采取治理措施，经催告仍不治理的，可以指定有治理能力的单位代为治理，所需费用由违法者承担；构成犯罪的，依法追究刑事责任：

（一）未经许可，擅自从事废旧放射源或者其他放射性固体废物的贮存、处置活动的；

（二）放射性固体废物贮存、处置单位未按照许可证规定的活动种类、范围、规模、期限从事废旧放射源或者其他放射性固体废物的贮存、处置活动的；

（三）放射性固体废物贮存、处置单位未按照国家有关放射性污染防治标准和国务院环境保护主管部门的规定贮存、处置废旧放射源或者其他放射性固体废物的。

第三十九条 放射性固体废物贮存、处置单位未按照规定建立情况记录档案，或者未按照规定进行如实记录的，由省级以上人民政府环境保护主管部门责令限期改正，处 1 万元以上 5 万元以下的罚款；逾期不改正的，处 5 万元以上 10 万元以下的罚款。

第四十条 核设施营运单位、核技术利用单位或者放射性固体废物贮存、处置单位未按照本条例第三十二条的规定如实报告有关情况的，由县级以上人民政府环境保护主管部门责令限期改正，处 1 万元以上 5 万元以下的罚款；逾期不改正的，处 5 万元以上 10 万元以下的罚款。

第四十一条 违反本条例规定，拒绝、阻碍环境保护主管部门或者其他有关部门的监督检查，或者在接受监督检查时弄虚作假的，由监督检查部门责令改正，处 2 万元以下的罚款；构成违反治安管理行为的，由公安机关依法给予治安管理处罚；构成犯罪的，依法追究刑事责任。

第四十二条 核设施营运单位、核技术利用单位或者放射性固体废物贮存、处置单位未按照规定对有关工作人员进行技术培训和考核的，由县级以上人民政府环境保护主管部门责令限期改正，处 1 万元以上 5 万元以下的罚款；逾期不改正的，处 5 万元以上 10 万元以下的罚款。

第四十三条 违反本条例规定，向中华人民共和国境内输入放射性废物或者被放射性污染的物品，或者经中华人民共和国境内转移放射性废物或者被放射性污染的物品的，由海关责令退运该放射性废物或者被放射性污染的物品，并处50万元以上100万元以下的罚款；构成犯罪的，依法追究刑事责任。

第六章　附　则

第四十四条　军用设施、装备所产生的放射性废物的安全管理，依照《中华人民共和国放射性污染防治法》第六十条的规定执行。

第四十五条　放射性废物运输的安全管理、放射性废物造成污染事故的应急处理，以及劳动者在职业活动中接触放射性废物造成的职业病防治，依照有关法律、行政法规的规定执行。

第四十六条　本条例自2012年3月1日起施行。

民用核设施安全监督管理条例

（1986年10月29日国务院发布）

目　录

第一章　总　则

第一条　为了在民用核设施的建造和营运中保证安全，保障工作人员和群众的健康，保护环境，促进核能事业的顺利发展，制定本条例。

第二条　本条例适用于下列民用核设施的安全监督管理：

（一）核动力厂（核电厂、核热电厂、核供汽供热厂等）；

（二）核动力厂以外的其他反应堆（研究堆、实验堆、临界装置等）；

（三）核燃料生产、加工、贮存及后处理设施；

（四）放射性废物的处理和处置设施；

（五）其他需要严格监督管理的核设施。

第三条 民用核设施的选址、设计、建造、运行和退役必须贯彻安全第一的方针；必须有足够的措施保证质量，保证安全运行，预防核事故，限制可能产生的有害影响；必须保障工作人员、群众和环境不致遭到超过国家规定限值的辐射照射和污染，并将辐射照射和污染减至可以合理达到的尽量低的水平。

第二章 监督管理职责

第四条 国家核安全局对全国核设施安全实施统一监督，独立行使核安全监督权，其主要职责是：

（一）组织起草、制定有关核设施安全的规章和审查有关核安全的技术标准；

（二）组织审查、评定核设施的安全性能及核设施营运单位保障安全的能力，负责颁发或者吊销核设施安全许可证件；

（三）负责实施核安全监督；

（四）负责核安全事故的调查、处理；

（五）协同有关部门指导和监督核设施应急计划的制订和实施；

（六）组织有关部门开展对核设施的安全与管理的科学研究、宣传教育及国际业务联系；

（七）会同有关部门调解和裁决核安全的纠纷。

第五条 国家核安全局在核设施集中的地区可以设立派出机构，实施安全监督。国家核安全局可以组织核安全专家委员会。该委员会协助制订核安全法规和核安全技术发展规划，参与核安全的审评、监督等工作。

第六条 核设施主管部门负责所属核设施的安全管理，接受国家核安全局的核安全监督，其主要职责是：

（一）负责所属核设施的安全管理，保证给予所属核设施的营运单位必要的支持，并对其进行督促检查；

（二）参与有关核安全法规的起草和制订，组织制订有关核安全的技术标准，并向国家核安全局备案；

（三）组织所属核设施的场内应急计划的制订和实施，参与场外应急计划的制订和实施；

（四）负责对所属核设施中各类人员的技术培训和考核；

（五）组织核能发展方面的核安全科学研究工作。

第七条 核设施营运单位直接负责所营运的核设施的安全，其主要职责是：

（一）遵守国家有关法律、行政法规和技术标准，保证核设施的安全；

（二）接受国家核安全局的核安全监督，及时、如实地报告安全情况，并提供有关资料；

（三）对所营运的核设施的安全、核材料的安全、工作人员和群众以及环境的安全承担全面责任。

第三章 安全许可制度

第八条 国家实行核设施安全许可制度，由国家核安全局负责制定和批准颁发核设施安全许可证件，许可证件包括：

（一）核设施建造许可证；

（二）核设施运行许可证；

（三）核设施操纵员执照；

（四）其他需要批准的文件。

第九条 核设施营运单位，在核设施建造前，必须向国家核安全局提交《核设施建造申请书》《初步安全分析报告》以及其他有关资料，经审核批准获得《核设施建造许可证》后，方可动工建造。核设施的建造必须遵守《核设施建造许可证》所规定的条件。

第十条 核设施营运单位在核设施运行前，必须向国家核安全局提交《核设施运行申请书》《最终安全分析报告》以及其他有关资料，经审核批准获得允许装料（或投料）、调试的批准文件后，方可开始装载核燃料（或投料）进行启动调试工作；在获得《核设施运行许可证》后，方可正式运行。核设施的运行必须遵守《核设施运行许可证》所规定的条件。

第十一条 国家核安全局在审批核设施建造申请书及运行申请书的过程中，应当向国务院有关部门以及核设施所在省、自治区、直辖市人民政府征询意见，国务院有关部门、地方人民政府应当在三个月内给予答复。

第十二条 具备下列条件的，方可批准发给《核设施建造许可证》和《核设施运行许可证》：

（一）所申请的项目已按照有关规定经主管部门及国家计划部门或省、自治区、直辖市人民政府的计划部门批准；

（二）所选定的厂址已经国务院或省、自治区、直辖市人民政府的城乡建设环境保护部门、计划部门和国家核安全局批准；

（三）所申请的核设施符合国家有关的法律及核安全法规的规定；

（四）申请者具有安全营运所申请的核设施的能力，并保证承担全面的安全责任。

第十三条 核设施操纵员执照分《操纵员执照》和《高级操纵员执照》两种。持《操纵员执照》的人员方可担任操纵核设施控制系统的工作。持《高级操纵员执照》的人员方可担任操纵或者指导他人操纵核设施控制系统的工作。

第十四条 具备下列条件的，方可批准发给《操纵员执照》：

（一）身体健康，无职业禁忌症；

（二）具有中专以上文化程度或同等学力，核动力厂操纵人员应具有大专以上文化程度或同等学力；

（三）经过运行操作培训，并经考核合格。

具备下列条件的，方可批准发给《高级操纵员执照》：

（一）身体健康，无职业禁忌症；

（二）具有大专以上文化程度或同等学力；

（三）经运行操作培训，并经考核合格；

（四）担任操纵员二年以上，成绩优秀者。

第十五条 核设施的迁移、转让或退役必须向国家核安全局提出申请，经审查批准后方可进行。

第四章 核安全监督

第十六条 国家核安全局及其派出机构可向核设施制造、建造和运行现场派驻监督组（员）执行下列核安全监督任务：

（一）审查所提交的安全资料是否符合实际；

（二）监督是否按照已批准的设计进行建造；

（三）监督是否按照已批准的质量保证大纲进行管理；

（四）监督核设施的建造和运行是否符合有关核安全法规和《核设施建造许可证》《核设施运行许可证》所规定的条件；

（五）考察营运人员是否具备安全运行及执行应急计划的能力；

（六）其他需要监督的任务。

核安全监督员由国家核安全局任命并发给《核安全监督员证》。

第十七条　核安全监督员在执行任务时，凭其证件有权进入核设施制造、建造和运行现场，调查情况，收集有关核安全资料。

第十八条　国家核安全局在必要时有权采取强制性措施，命令核设施营运单位采取安全措施或停止危及安全的活动。

第十九条　核设施营运单位有权拒绝有害于安全的任何要求，但对国家核安全局的强制性措施必须执行。

第五章　奖励和处罚

第二十条　对保证核设施安全有显著成绩和贡献的单位和个人，国家核安全局或核设施主管部门应给予适当的奖励。

第二十一条　凡违反本条例的规定，有下列行为之一的，国家核安全局可依其情节轻重，给予警告、限期改进、停工或者停业整顿、吊销核安全许可证件的处罚：

（一）未经批准或违章从事核设施建造、运行、迁移、转让和退役的；

（二）谎报有关资料或事实，或无故拒绝监督的；

（三）无执照操纵或违章操纵的；

（四）拒绝执行强制性命令的。

第二十二条 当事人对行政处罚不服的，可在接到处罚通知之日起十五日内向人民法院起诉。但是，对吊销核安全许可证件的决定应当立即执行。对处罚决定不履行逾期又不起诉的，由国家核安全局申请人民法院强制执行。

第二十三条 对于不服管理、违反规章制度，或者强令他人违章冒险作业，因而发生核事故，造成严重后果，构成犯罪的，由司法机关依法追究刑事责任。

第六章 附 则

第二十四条 本条例中下列用语的含义是：

（一）“核设施”是指本条例第二条中所列出的各项民用核设施。

（二）“核设施安全许可证件”是指为了进行与核设施有关的选址定点、建造、调试、运行和退役等特定活动，由国家核安全局颁发的书面批准文件。

（三）“营运单位”是指申请或持有核设施安全许可证，可以经营和运行核设施的组织。

（四）“核设施主管部门”是指对核设施营运单位负有领导责任的国务院和省、自治区、直辖市人民政府的有关行政机关。

（五）“核事故”是指核设施内的核燃料、放射性产物、废料或运入运出核设施的核材料所发生的放射性、毒害性、爆炸性或其他危害性事故，或一系列事故。

第二十五条 国家核安全局应根据本条例制定实施细则。

第二十六条 本条例自发布之日起施行。

中华人民共和国国务院令

第 562 号

《放射性物品运输安全管理条例》已经 2009 年 9 月 7 日国务院第 80 次常务会议通过，现予公布，自 2010 年 1 月 1 日起施行。

总理　温家宝

二〇〇九年九月十四日

放射性物品运输安全管理条例

目录

第一章　总　则

第一条　为了加强对放射性物品运输的安全管理，保障人体健康，保护环境，促进核能、核技术的开发与和平利用，根据《中华人民共和国放射性污染防治法》，制定本条例。

第二条　放射性物品的运输和放射性物品运输容器的设计、制造等活动，适用本条例。

本条例所称放射性物品，是指含有放射性核素，并且其活度和比活度均高于国家规定的豁免值的物品。

第三条 根据放射性物品的特性及其对人体健康和环境的潜在危害程度，将放射性物品分为一类、二类和三类。

一类放射性物品，是指Ⅰ类放射源、高水平放射性废物、乏燃料等释放到环境后对人体健康和环境产生重大辐射影响的放射性物品。

二类放射性物品，是指Ⅱ类和Ⅲ类放射源、中等水平放射性废物等释放到环境后对人体健康和环境产生一般辐射影响的放射性物品。

三类放射性物品，是指Ⅳ类和Ⅴ类放射源、低水平放射性废物、放射性药品等释放到环境后对人体健康和环境产生较小辐射影响的放射性物品。

放射性物品的具体分类和名录，由国务院核安全监管部门会同国务院公安、卫生、海关、交通运输、铁路、民航、核工业行业主管部门制定。

第四条 国务院核安全监管部门对放射性物品运输的核与辐射安全实施监督管理。

国务院公安、交通运输、铁路、民航等有关主管部门依照本条例规定和各自的职责，负责放射性物品运输安全的有关监督管理工作。

县级以上地方人民政府环境保护主管部门和公安、交通运输等有关主管部门，依照本条例规定和各自的职责，负责本行政区域放射性物品运输安全的有关监督管理工作。

第五条 运输放射性物品，应当使用专用的放射性物品运输包装容器（以下简称运输容器）。

放射性物品的运输和放射性物品运输容器的设计、制造，应当符合国家放射性物品运输安全标准。

国家放射性物品运输安全标准，由国务院核安全监管部门制定，由国务院核安全监管部门和国务院标准化主管部门联合发布。

国务院核安全监管部门制定国家放射性物品运输安全标准，应当征求国务院公安、卫生、交通运输、铁路、民航、核工业行业主管部门的意见。

第六条 放射性物品运输容器的设计、制造单位应当建立健全责任制度，加强质量管理，并对所从事的放射性物品运输容器的设计、制造活动负责。

放射性物品的托运人（以下简称托运人）应当制定核与辐射事故应急方案，在放射性物品运输中采取有效的辐射防护和安全保卫措施，并对放射性物品运输中的核与辐射安全负责。

第七条 任何单位和个人对违反本条例规定的行为，有权向国务院核安全监管部门或者其他依法履行放射性物品运输安全监督管理职责的部门举报。

接到举报的部门应当依法调查处理，并为举报人保密。

第二章 放射性物品运输容器的设计

第八条 放射性物品运输容器设计单位应当建立健全和有效实施质量保证体系，按照国家放射性物品运输安全标准进行设计，并通过试验验证或者分析论证等方式，对设计的放射性物品运输容器的安全性能进行评价。

第九条 放射性物品运输容器设计单位应当建立健全档案制度，按照质量保证体系的要求，如实记录放射性物品运输容器的设计和安全性能评价过程。

进行一类放射性物品运输容器设计，应当编制设计安全评价报告书；

进行二类放射性物品运输容器设计，应当编制设计安全评价报告表。

第十条 一类放射性物品运输容器的设计，应当在首次用于制造前报国务院核安全监管部门审查批准。

申请批准一类放射性物品运输容器的设计，设计单位应当向国务院核安全监管部门提出书面申请，并提交下列材料：

（一）设计总图及其设计说明书；

（二）设计安全评价报告书；

（三）质量保证大纲。

第十一条 国务院核安全监管部门应当自受理申请之日起 45 个工作日内完成审查，对符合国家放射性物品运输安全标准的，颁发一类放射性物品运输容器设计批准书，并公告批准文号；对不符合国家放射性物品运输安全标准的，书面通知申请单位并说明理由。

第十二条 设计单位修改已批准的一类放射性物品运输容器设计中有关安全内容的，应当按照原申请程序向国务院核安全监管部门重新申请领取一类放射性物品运输容器设计批准书。

第十三条 二类放射性物品运输容器的设计，设计单位应当在首次用于制造前，将设计总图及其设计说明书、设计安全评价报告表报国务院核安全监管部门备案。

第十四条 三类放射性物品运输容器的设计，设计单位应当编制设计符合国家放射性物品运输安全标准的证明文件并存档备查。

第三章 放射性物品运输容器的制造与使用

第十五条 放射性物品运输容器制造单位，应当按照设计要求和国家放射性物品运输安全标准，对制造的放射性物品运输容器进行质量检验，编制质量检验报告。

未经质量检验或者经检验不合格的放射性物品运输容器，不得交付使用。

第十六条 从事一类放射性物品运输容器制造活动的单位，应当具备下列条件：

（一）有与所从事的制造活动相适应的专业技术人员；

（二）有与所从事的制造活动相适应的生产条件和检测手段；

（三）有健全的管理制度和完善的质量保证体系。

第十七条 从事一类放射性物品运输容器制造活动的单位，应当申请领取一类放射性物品运输容器制造许可证（以下简称制造许可证）。

申请领取制造许可证的单位，应当向国务院核安全监管部门提出书面申请，并提交其符合本条例第十六条规定条件的证明材料和申请制造的运输容器型号。

禁止无制造许可证或者超出制造许可证规定的范围从事一类放射性物品运输容器的制造活动。

第十八条 国务院核安全监管部门应当自受理申请之日起 45 个工作日内完成审查，对符合条件的，颁发制造许可证，并予以公告；对不符合条件的，书面通知申请单位并说明理由。

第十九条 制造许可证应当载明下列内容：

（一）制造单位名称、住所和法定代表人；

（二）许可制造的运输容器的型号；

（三）有效期限；

（四）发证机关、发证日期和证书编号。

第二十条 一类放射性物品运输容器制造单位变更单位名称、住所或者法定代表人的，应当自工商变更登记之日起 20 日内，向国务院核安全监管部门办理制造许可证变更手续。

一类放射性物品运输容器制造单位变更制造的运输容器型号的，应当按照原申请程序向国务院核安全监管部门重新申请领取制造许可证。

第二十一条 制造许可证有效期为 5 年。

制造许可证有效期届满，需要延续的，一类放射性物品运输容器制造单位应当于制造许可证有效期届满 6 个月前，向国务院核安全监管部门提出延续申请。

国务院核安全监管部门应当在制造许可证有效期届满前作出是否准予延续的决定。

第二十二条 从事二类放射性物品运输容器制造活动的单位，应当在首次制造活动开始 30 日前，将其具备与所从事的制造活动相适应的专业技术人员、生产条件、检测手段，以及具有健全的管理制度和完善的质量保证体系的证明材料，报国务院核安全监管部门备案。

第二十三条 一类、二类放射性物品运输容器制造单位，应当按照国务院核安全监管部门制定的编码规则，对其制造的一类、二类放射性物品运输容器统一编码，并于每年 1 月 31 日前将上一年度的运输容器编码清单报国务院核安全监管部门备案。

第二十四条 从事三类放射性物品运输容器制造活动的单位，应当于每年 1 月 31 日前将上一年度制造的运输容器的型号和数量报国务院核安全监管部门备案。

第二十五条 放射性物品运输容器使用单位应当对其使用的放射性物品运

输容器定期进行保养和维护，并建立保养和维护档案；放射性物品运输容器达到设计使用年限，或者发现放射性物品运输容器存在安全隐患的，应当停止使用，进行处理。

一类放射性物品运输容器使用单位还应当对其使用的一类放射性物品运输容器每两年进行一次安全性能评价，并将评价结果报国务院核安全监管部门备案。

第二十六条 使用境外单位制造的一类放射性物品运输容器的，应当在首次使用前报国务院核安全监管部门审查批准。

申请使用境外单位制造的一类放射性物品运输容器的单位，应当向国务院核安全监管部门提出书面申请，并提交下列材料：

（一）设计单位所在国核安全监管部门颁发的设计批准文件的复印件；

（二）设计安全评价报告书；

（三）制造单位相关业绩的证明材料；

（四）质量合格证明；

（五）符合中华人民共和国法律、行政法规规定，以及国家放射性物品运输安全标准或者经国务院核安全监管部门认可的标准的说明材料。

国务院核安全监管部门应当自受理申请之日起 45 个工作日内完成审查，对符合国家放射性物品运输安全标准的，颁发使用批准书；对不符合国家放射性物品运输安全标准的，书面通知申请单位并说明理由。

第二十七条 使用境外单位制造的二类放射性物品运输容器的，应当在首次使用前将运输容器质量合格证明和符合中华人民共和国法律、行政法规规定，以及国家放射性物品运输安全标准或者经国务院核安全监管部门认可的标准的说明材料，报国务院核安全监管部门备案。

第二十八条 国务院核安全监管部门办理使用境外单位制造的一类、二类放射性物品运输容器审查批准和备案手续，应当同时为运输容器确定编码。

第四章 放射性物品的运输

第二十九条 托运放射性物品的，托运人应当持有生产、销售、使用或者处置放射性物品的有效证明，使用与所托运的放射性物品类别相适应的运输容器进行包装，配备必要的辐射监测设备、防护用品和防盗、防破坏设备，并编制运输说明书、核与辐射事故应急响应指南、装卸作业方法、安全防护指南。

运输说明书应当包括放射性物品的品名、数量、物理化学形态、危害风险等内容。

第三十条 托运一类放射性物品的，托运人应当委托有资质的辐射监测机构对其表面污染和辐射水平实施监测，辐射监测机构应当出具辐射监测报告。

托运二类、三类放射性物品的，托运人应当对其表面污染和辐射水平实施监测，并编制辐射监测报告。

监测结果不符合国家放射性物品运输安全标准的，不得托运。

第三十一条 承运放射性物品应当取得国家规定的运输资质。承运人的资质管理，依照有关法律、行政法规和国务院交通运输、铁路、民航、邮政主管部门的规定执行。

第三十二条 托运人和承运人应当对直接从事放射性物品运输的工作人员进行运输安全和应急响应知识的培训，并进行考核；考核不合格的，不得从事相关工作。

托运人和承运人应当按照国家放射性物品运输安全标准和国家有关规定，在放射性物品运输容器和运输工具上设置警示标志。

国家利用卫星定位系统对一类、二类放射性物品运输工具的运输过程实行在线监控。具体办法由国务院核安全监管部门会同国务院有关部门制定。

第三十三条 托运人和承运人应当按照国家职业病防治的有关规定，对直接从事放射性物品运输的工作人员进行个人剂量监测，建立个人剂量档案和职业健康监护档案。

第三十四条 托运人应当向承运人提交运输说明书、辐射监测报告、核与辐射事故应急响应指南、装卸作业方法、安全防护指南，承运人应当查验、收存。托运人提交文件不齐全的，承运人不得承运。

第三十五条 托运一类放射性物品的，托运人应当编制放射性物品运输的核与辐射安全分析报告书，报国务院核安全监管部门审查批准。

放射性物品运输的核与辐射安全分析报告书应当包括放射性物品的品名、数量、运输容器型号、运输方式、辐射防护措施、应急措施等内容。

国务院核安全监管部门应当自受理申请之日起45个工作日内完成审查，对符合国家放射性物品运输安全标准的，颁发核与辐射安全分析报告批准书；对不符合国家放射性物品运输安全标准的，书面通知申请单位并说明理由。

第三十六条 放射性物品运输的核与辐射安全分析报告批准书应当载明下列主要内容：

（一）托运人的名称、地址、法定代表人；

（二）运输放射性物品的品名、数量；

（三）运输放射性物品的运输容器型号和运输方式；

（四）批准日期和有效期限。

第三十七条 一类放射性物品启运前，托运人应当将放射性物品运输的核与辐射安全分析报告批准书、辐射监测报告，报启运地的省、自治区、直辖市人民政府环境保护主管部门备案。

收到备案材料的环境保护主管部门应当及时将有关情况通报放射性物品运输的途经地和抵达地的省、自治区、直辖市人民政府环境保护主管部门。

第三十八条 通过道路运输放射性物品的，应当经公安机关批准，按照指定的时间、路线、速度行驶，并悬挂警示标志，配备押运人员，使放射性物品处于押运人员的监管之下。

通过道路运输核反应堆乏燃料的，托运人应当报国务院公安部门批准。通过道路运输其他放射性物品的，托运人应当报启运地县级以上人民政府公安机关批准。具体办法由国务院公安部门商国务院核安全监管部门制定。

第三十九条 通过水路运输放射性物品的，按照水路危险货物运输的法律、行政法规和规章的有关规定执行。

通过铁路、航空运输放射性物品的，按照国务院铁路、民航主管部门的有关规定执行。

禁止邮寄一类、二类放射性物品。邮寄三类放射性物品的，按照国务院邮政管理部门的有关规定执行。

第四十条 生产、销售、使用或者处置放射性物品的单位，可以依照《中华人民共和国道路运输条例》的规定，向设区的市级人民政府道路运输管理机构申请非营业性道路危险货物运输资质，运输本单位的放射性物品，并承担本条例规定的托运人和承运人的义务。

申请放射性物品非营业性道路危险货物运输资质的单位，应当具备下列条件：

（一）持有生产、销售、使用或者处置放射性物品的有效证明；

（二）有符合本条例规定要求的放射性物品运输容器；

（三）有具备辐射防护与安全防护知识的专业技术人员和经考试合格的驾驶人员；

（四）有符合放射性物品运输安全防护要求，并经检测合格的运输工具、设施和设备；

（五）配备必要的防护用品和依法经定期检定合格的监测仪器；

（六）有运输安全和辐射防护管理规章制度以及核与辐射事故应急措施。

放射性物品非营业性道路危险货物运输资质的具体条件，由国务院交通运输主管部门会同国务院核安全监管部门制定。

第四十一条　一类放射性物品从境外运抵中华人民共和国境内，或者途经中华人民共和国境内运输的，托运人应当编制放射性物品运输的核与辐射安全分析报告书，报国务院核安全监管部门审查批准。审查批准程序依照本条例第三十五条第三款的规定执行。

二类、三类放射性物品从境外运抵中华人民共和国境内，或者途经中华人民共和国境内运输的，托运人应当编制放射性物品运输的辐射监测报告，报国务院核安全监管部门备案。

托运人、承运人或者其代理人向海关办理有关手续，应当提交国务院核安全监管部门颁发的放射性物品运输的核与辐射安全分析报告批准书或者放射性物品运输的辐射监测报告备案证明。

第四十二条 县级以上人民政府组织编制的突发环境事件应急预案，应当包括放射性物品运输中可能发生的核与辐射事故应急响应的内容。

第四十三条 放射性物品运输中发生核与辐射事故的，承运人、托运人应当按照核与辐射事故应急响应指南的要求，做好事故应急工作，并立即报告事故发生地的县级以上人民政府环境保护主管部门。接到报告的环境保护主管部门应当立即派人赶赴现场，进行现场调查，采取有效措施控制事故影响，并及时向本级人民政府报告，通报同级公安、卫生、交通运输等有关主管部门。

接到报告的县级以上人民政府及其有关主管部门应当按照应急预案做好应急工作，并按照国家突发事件分级报告的规定及时上报核与辐射事故信息。

核反应堆乏燃料运输的核事故应急准备与响应，还应当遵守国家核应急的有关规定。

第五章　监督检查

第四十四条 国务院核安全监管部门和其他依法履行放射性物品运输安全监督管理职责的部门，应当依据各自职责对放射性物品运输安全实施监督检查。

国务院核安全监管部门应当将其已批准或者备案的一类、二类、三类放射性物品运输容器的设计、制造情况和放射性物品运输情况通报设计、制造单位所在地和运输途经地的省、自治区、直辖市人民政府环境保护主管部门。省、自治区、直辖市人民政府环境保护主管部门应当加强对本行政区域放射性物品运输安全的监督检查和监督性监测。

被检查单位应当予以配合，如实反映情况，提供必要的资料，不得拒绝和阻碍。

第四十五条 国务院核安全监管部门和省、自治区、直辖市人民政府环境保护主管部门以及其他依法履行放射性物品运输安全监督管理职责的部门进行监督检查，监督检查人员不得少于2人，并应当出示有效的行政执法证件。

国务院核安全监管部门和省、自治区、直辖市人民政府环境保护主管部门以及其他依法履行放射性物品运输安全监督管理职责的部门的工作人员，对监督检查中知悉的商业秘密负有保密义务。

第四十六条 监督检查中发现经批准的一类放射性物品运输容器设计确有重大设计安全缺陷的，由国务院核安全监管部门责令停止该型号运输容器的制造或者使用，撤销一类放射性物品运输容器设计批准书。

第四十七条 监督检查中发现放射性物品运输活动有不符合国家放射性物品运输安全标准情形的，或者一类放射性物品运输容器制造单位有不符合制造许可证规定条件情形的，应当责令限期整改；发现放射性物品运输活动可能对人体健康和环境造成核与辐射危害的，应当责令停止运输。

第四十八条 国务院核安全监管部门和省、自治区、直辖市人民政府环境保护主管部门以及其他依法履行放射性物品运输安全监督管理职责的部门，对放射性物品运输活动实施监测，不得收取监测费用。

国务院核安全监管部门和省、自治区、直辖市人民政府环境保护主管部门以及其他依法履行放射性物品运输安全监督管理职责的部门，应当加强对监督管理人员辐射防护与安全防护知识的培训。

第六章　法律责任

第四十九条　国务院核安全监管部门和省、自治区、直辖市人民政府环境保护主管部门或者其他依法履行放射性物品运输安全监督管理职责的部门有下列行为之一的，对直接负责的主管人员和其他直接责任人员依法给予处分；直接负责的主管人员和其他直接责任人员构成犯罪的，依法追究刑事责任：

（一）未依照本条例规定作出行政许可或者办理批准文件的；

（二）发现违反本条例规定的行为不予查处，或者接到举报不依法处理的；

（三）未依法履行放射性物品运输核与辐射事故应急职责的；

（四）对放射性物品运输活动实施监测收取监测费用的；

（五）其他不依法履行监督管理职责的行为。

第五十条　放射性物品运输容器设计、制造单位有下列行为之一的，由国务院核安全监管部门责令停止违法行为，处50万元以上100万元以下的罚款；有违法所得的，没收违法所得：

（一）将未取得设计批准书的一类放射性物品运输容器设计用于制造的；

（二）修改已批准的一类放射性物品运输容器设计中有关安全内容，未重新取得设计批准书即用于制造的。

第五十一条　放射性物品运输容器设计、制造单位有下列行为之一的，由国务院核安全监管部门责令停止违法行为，处5万元以上10万元以下的罚款；有违法所得的，没收违法所得：

（一）将不符合国家放射性物品运输安全标准的二类、三类放射性物品运输容器设计用于制造的；

（二）将未备案的二类放射性物品运输容器设计用于制造的。

第五十二条 放射性物品运输容器设计单位有下列行为之一的，由国务院核安全监管部门责令限期改正；逾期不改正的，处 1 万元以上 5 万元以下的罚款：

（一）未对二类、三类放射性物品运输容器的设计进行安全性能评价的；

（二）未如实记录二类、三类放射性物品运输容器设计和安全性能评价过程的；

（三）未编制三类放射性物品运输容器设计符合国家放射性物品运输安全标准的证明文件并存档备查的。

第五十三条 放射性物品运输容器制造单位有下列行为之一的，由国务院核安全监管部门责令停止违法行为，处 50 万元以上 100 万元以下的罚款；有违法所得的，没收违法所得：

（一）未取得制造许可证从事一类放射性物品运输容器制造活动的；

（二）制造许可证有效期届满，未按照规定办理延续手续，继续从事一类放射性物品运输容器制造活动的；

（三）超出制造许可证规定的范围从事一类放射性物品运输容器制造活动的；

（四）变更制造的一类放射性物品运输容器型号，未按照规定重新领取制造许可证的；

（五）将未经质量检验或者经检验不合格的一类放射性物品运输容器交付使用的。

有前款第（三）项、第（四）项和第（五）项行为之一，情节严重的，吊销制造许可证。

第五十四条 一类放射性物品运输容器制造单位变更单位名称、住所或者法定代表人，未依法办理制造许可证变更手续的，由国务院核安全监管部门责令限期改正；逾期不改正的，处2万元的罚款。

第五十五条 放射性物品运输容器制造单位有下列行为之一的，由国务院核安全监管部门责令停止违法行为，处5万元以上10万元以下的罚款；有违法所得的，没收违法所得：

（一）在二类放射性物品运输容器首次制造活动开始前，未按照规定将有关证明材料报国务院核安全监管部门备案的；

（二）将未经质量检验或者经检验不合格的二类、三类放射性物品运输容器交付使用的。

第五十六条 放射性物品运输容器制造单位有下列行为之一的，由国务院核安全监管部门责令限期改正；逾期不改正的，处1万元以上5万元以下的罚款：

（一）未按照规定对制造的一类、二类放射性物品运输容器统一编码的；

（二）未按照规定将制造的一类、二类放射性物品运输容器编码清单报国务院核安全监管部门备案的；

（三）未按照规定将制造的三类放射性物品运输容器的型号和数量报国务院核安全监管部门备案的。

第五十七条 放射性物品运输容器使用单位未按照规定对使用的一类放射性物品运输容器进行安全性能评价，或者未将评价结果报国务院核安全监管部门备案的，由国务院核安全监管部门责令限期改正；逾期不改正的，处1万元以上 5 万元以下的罚款。

第五十八条 未按照规定取得使用批准书使用境外单位制造的一类放射性物品运输容器的，由国务院核安全监管部门责令停止违法行为，处 50 万元以上 100 万元以下的罚款。

未按照规定办理备案手续使用境外单位制造的二类放射性物品运输容器的，由国务院核安全监管部门责令停止违法行为，处 5 万元以上 10 万元以下的罚款。

第五十九条 托运人未按照规定编制放射性物品运输说明书、核与辐射事故应急响应指南、装卸作业方法、安全防护指南的，由国务院核安全监管部门责令限期改正；逾期不改正的，处 1 万元以上 5 万元以下的罚款。

托运人未按照规定将放射性物品运输的核与辐射安全分析报告批准书、辐射监测报告备案的，由启运地的省、自治区、直辖市人民政府环境保护主管部门责令限期改正；逾期不改正的，处 1 万元以上 5 万元以下的罚款。

第六十条 托运人或者承运人在放射性物品运输活动中，有违反有关法律、行政法规关于危险货物运输管理规定行为的，由交通运输、铁路、民航等有关主管部门依法予以处罚。

违反有关法律、行政法规规定邮寄放射性物品的，由公安机关和邮政管理部门依法予以处罚。在邮寄进境物品中发现放射性物品的，由海关依照有关法律、行政法规的规定处理。

第六十一条 托运人未取得放射性物品运输的核与辐射安全分析报告批准书托运一类放射性物品的，由国务院核安全监管部门责令停止违法行为，处 50 万元以上 100 万元以下的罚款。

第六十二条 通过道路运输放射性物品，有下列行为之一的，由公安机关责令限期改正，处2万元以上10万元以下的罚款；构成犯罪的，依法追究刑事责任：

（一）未经公安机关批准通过道路运输放射性物品的；

（二）运输车辆未按照指定的时间、路线、速度行驶或者未悬挂警示标志的；

（三）未配备押运人员或者放射性物品脱离押运人员监管的。

第六十三条 托运人有下列行为之一的，由启运地的省、自治区、直辖市人民政府环境保护主管部门责令停止违法行为，处5万元以上20万元以下的罚款：

（一）未按照规定对托运的放射性物品表面污染和辐射水平实施监测的；

（二）将经监测不符合国家放射性物品运输安全标准的放射性物品交付托运的；

（三）出具虚假辐射监测报告的。

第六十四条 未取得放射性物品运输的核与辐射安全分析报告批准书或者放射性物品运输的辐射监测报告备案证明，将境外的放射性物品运抵中华人民共和国境内，或者途经中华人民共和国境内运输的，由海关责令托运人退运该放射性物品，并依照海关法律、行政法规给予处罚；构成犯罪的，依法追究刑事责任。托运人不明的，由承运人承担退运该放射性物品的责任，或者承担该放射性物品的处置费用。

第六十五条 违反本条例规定，在放射性物品运输中造成核与辐射事故的，由县级以上地方人民政府环境保护主管部门处以罚款，罚款数额按照核与辐射事故造成的直接损失的20%计算；构成犯罪的，依法追究刑事责任。

托运人、承运人未按照核与辐射事故应急响应指南的要求，做好事故应急工作并报告事故的，由县级以上地方人民政府环境保护主管部门处5万元以上20万元以下的罚款。

因核与辐射事故造成他人损害的，依法承担民事责任。

第六十六条 拒绝、阻碍国务院核安全监管部门或者其他依法履行放射性物品运输安全监督管理职责的部门进行监督检查，或者在接受监督检查时弄虚作假的，由监督检查部门责令改正，处1万元以上2万元以下的罚款；构成违反治安管理行为的，由公安机关依法给予治安管理处罚；构成犯罪的，依法追究刑事责任。

第七章 附 则

第六十七条 军用放射性物品运输安全的监督管理，依照《中华人民共和国放射性污染防治法》第六十条的规定执行。

第六十八条 本条例自2010年1月1日起施行。

放射性同位素与射线装置安全和防护条例（2014修订）

2005年9月14日中华人民共和国国务院令第449号公布，自2005年12月1日起施行。

根据2014年7月29日《国务院关于修改部分行政法规的决定》修订。

2014年7月29日中华人民共和国国务院令第653号公布，自公布之日起施行。

目 录

第一章　总　则

第一条　为了加强对放射性同位素、射线装置安全和防护的监督管理，促进放射性同位素、射线装置的安全应用，保障人体健康，保护环境，制定本条例。

第二条　在中华人民共和国境内生产、销售、使用放射性同位素和射线装置，以及转让、进出口放射性同位素的，应当遵守本条例。本条例所称放射性同位素包括放射源和非密封放射性物质。

第三条　国务院环境保护主管部门对全国放射性同位素、射线装置的安全和防护工作实施统一监督管理。

国务院公安、卫生等部门按照职责分工和本条例的规定，对有关放射性同位素、射线装置的安全和防护工作实施监督管理。

县级以上地方人民政府环境保护主管部门和其他有关部门，按照职责分工和本条例的规定，对本行政区域内放射性同位素、射线装置的安全和防护工作实施监督管理。

第四条　国家对放射源和射线装置实行分类管理。根据放射源、射线装置对人体健康和环境的潜在危害程度，从高到低将放射源分为Ⅰ类、Ⅱ类、Ⅲ类、Ⅳ类、Ⅴ类，具体分类办法由国务院环境保护主管部门制定；将射线装置分为Ⅰ类、Ⅱ类、Ⅲ类，具体分类办法由国务院环境保护主管部门商国务院卫生主管部门制定。

第二章　许可和备案

第五条　生产、销售、使用放射性同位素和射线装置的单位，应当依照本章规定取得许可证。

第六条　除医疗使用Ⅰ类放射源、制备正电子发射计算机断层扫描用放射性药物自用的单位外，生产放射性同位素、销售和使用Ⅰ类放射源、销售和使用Ⅰ类射线装置的单位的许可证，由国务院环境保护主管部门审批颁发。

除国务院环境保护主管部门审批颁发的许可证外，其他单位的许可证，由省、自治区、直辖市人民政府环境保护主管部门审批颁发。

国务院环境保护主管部门向生产放射性同位素的单位颁发许可证前，应当将申请材料印送其行业主管部门征求意见。

环境保护主管部门应当将审批颁发许可证的情况通报同级公安部门、卫生主管部门。

第七条　生产、销售、使用放射性同位素和射线装置的单位申请领取许可证，应当具备下列条件：

（一）有与所从事的生产、销售、使用活动规模相适应的，具备相应专业知识和防护知识及健康条件的专业技术人员；

（二）有符合国家环境保护标准、职业卫生标准和安全防护要求的场所、设施和设备；

（三）有专门的安全和防护管理机构或者专职、兼职安全和防护管理人员，并配备必要的防护用品和监测仪器；

（四）有健全的安全和防护管理规章制度、辐射事故应急措施；

（五）产生放射性废气、废液、固体废物的，具有确保放射性废气、废液、固体废物达标排放的处理能力或者可行的处理方案。

第八条 生产、销售、使用放射性同位素和射线装置的单位，应当事先向有审批权的环境保护主管部门提出许可申请，并提交符合本条例第七条规定条件的证明材料。

使用放射性同位素和射线装置进行放射诊疗的医疗卫生机构，还应当获得放射源诊疗技术和医用辐射机构许可。

第九条 环境保护主管部门应当自受理申请之日起 20 个工作日内完成审查，符合条件的，颁发许可证，并予以公告；不符合条件的，书面通知申请单位并说明理由。

第十条 许可证包括下列主要内容：

（一）单位的名称、地址、法定代表人；

（二）所从事活动的种类和范围；

（三）有效期限；

（四）发证日期和证书编号。

第十一条 持证单位变更单位名称、地址、法定代表人的，应当自变更登记之日起 20 日内，向原发证机关申请办理许可证变更手续。

第十二条 有下列情形之一的，持证单位应当按照原申请程序，重新申请领取许可证：

（一）改变所从事活动的种类或者范围的；

（二）新建或者改建、扩建生产、销售、使用设施或者场所的。

第十三条 许可证有效期为5年。

有效期届满，需要延续的，持证单位应当于许可证有效期届满30日前，向原发证机关提出延续申请。

原发证机关应当自受理延续申请之日起，在许可证有效期届满前完成审查，符合条件的，予以延续；不符合条件的，书面通知申请单位并说明理由。

第十四条 持证单位部分终止或者全部终止生产、销售、使用放射性同位素和射线装置活动的，应当向原发证机关提出部分变更或者注销许可证申请，由原发证机关核查合格后，予以变更或者注销许可证。

第十五条 禁止无许可证或者不按照许可证规定的种类和范围从事放射性同位素和射线装置的生产、销售、使用活动。禁止伪造、变造、转让许可证。

第十六条 国务院对外贸易主管部门会同国务院环境保护主管部门、海关总署、国务院质量监督检验检疫部门和生产放射性同位素的单位的行业主管部门制定并公布限制进出口放射性同位素目录和禁止进出口放射性同位素目录。

进口列入限制进出口目录的放射性同位素，应当在国务院环境保护主管部门审查批准后，由国务院对外贸易主管部门依据国家对外贸易的有关规定签发进口许可证。

进口限制进出口目录和禁止进出口目录之外的放射性同位素，依据国家对外贸易的有关规定办理进口手续。

第十七条 申请进口列入限制进出口目录的放射性同位素，应当符合下列要求：

（一）进口单位已经取得与所从事活动相符的许可证；

（二）进口单位具有进口放射性同位素使用期满后的处理方案，其中，进口Ⅰ类、Ⅱ类、Ⅲ类放射源的，应当具有原出口方负责回收的承诺文件；

（三）进口的放射源应当有明确标号和必要说明文件，其中，Ⅰ类、Ⅱ类、Ⅲ类放射源的标号应当刻制在放射源本体或者密封包壳体上，Ⅳ类、Ⅴ类放射源的标号应当记录在相应说明文件中；

（四）将进口的放射性同位素销售给其他单位使用的，还应当具有与使用单位签订的书面协议以及使用单位取得的许可证复印件。

第十八条 进口列入限制进出口目录的放射性同位素的单位，应当向国务院环境保护主管部门提出进口申请，并提交符合本条例第十七条规定要求的证明材料。

国务院环境保护主管部门应当自受理申请之日起 10 个工作日内完成审查，符合条件的，予以批准；不符合条件的，书面通知申请单位并说明理由。

海关验凭放射性同位素进口许可证办理有关进口手续。进口放射性同位素的包装材料依法需要实施检疫的，依照国家有关检疫法律、法规的规定执行。

对进口的放射源，国务院环境保护主管部门还应当同时确定与其标号相对应的放射源编码。

第十九条 申请转让放射性同位素，应当符合下列要求：

（一）转出、转入单位持有与所从事活动相符的许可证；

（二）转入单位具有放射性同位素使用期满后的处理方案；

（三）转让双方已经签订书面转让协议。

第二十条 转让放射性同位素，由转入单位向其所在地省、自治区、直辖市人民政府环境保护主管部门提出申请，并提交符合本条例第十九条规定要求的证明材料。

省、自治区、直辖市人民政府环境保护主管部门应当自受理申请之日起 15 个工作日内完成审查，符合条件的，予以批准；不符合条件的，书面通知申请单位并说明理由。

第二十一条 放射性同位素的转出、转入单位应当在转让活动完成之日起 20 日内，分别向其所在地省、自治区、直辖市人民政府环境保护主管部门备案。

第二十二条 生产放射性同位素的单位，应当建立放射性同位素产品台账，并按照国务院环境保护主管部门制定的编码规则，对生产的放射源统一编码。

放射性同位素产品台账和放射源编码清单应当报国务院环境保护主管部门备案。

生产的放射源应当有明确标号和必要说明文件。其中，Ⅰ类、Ⅱ类、Ⅲ类放射源的标号应当刻制在放射源本体或者密封包壳体上，Ⅳ类、Ⅴ类放射源的标号应当记录在相应说明文件中。

国务院环境保护主管部门负责建立放射性同位素备案信息管理系统，与有关部门实行信息共享。

未列入产品台账的放射性同位素和未编码的放射源，不得出厂和销售。

第二十三条 持有放射源的单位将废旧放射源交回生产单位、返回原出口方或者送交放射性废物集中贮存单位贮存的，应当在该活动完成之日起 20 日内向其所在地省、自治区、直辖市人民政府环境保护主管部门备案。

第二十四条 本条例施行前生产和进口的放射性同位素，由放射性同位素持有单位在本条例施行之日起6个月内，到其所在地省、自治区、直辖市人民政府环境保护主管部门办理备案手续，省、自治区、直辖市人民政府环境保护主管部门应当对放射源进行统一编码。

第二十五条 使用放射性同位素的单位需要将放射性同位素转移到外省、自治区、直辖市使用的，应当持许可证复印件向使用地省、自治区、直辖市人民政府环境保护主管部门备案，并接受当地环境保护主管部门的监督管理。

第二十六条 出口列入限制进出口目录的放射性同位素，应当提供进口方可以合法持有放射性同位素的证明材料，并由国务院环境保护主管部门依照有关法律和我国缔结或者参加的国际条约、协定的规定，办理有关手续。出口放射性同位素应当遵守国家对外贸易的有关规定。

第三章　安全和防护

第二十七条 生产、销售、使用放射性同位素和射线装置的单位，应当对本单位的放射性同位素、射线装置的安全和防护工作负责，并依法对其造成的放射性危害承担责任。

生产放射性同位素的单位的行业主管部门，应当加强对生产单位安全和防护工作的管理，并定期对其执行法律、法规和国家标准的情况进行监督检查。

第二十八条 生产、销售、使用放射性同位素和射线装置的单位，应当对直接从事生产、销售、使用活动的工作人员进行安全和防护知识教育培训，并进行考核；考核不合格的，不得上岗。

辐射安全关键岗位应当由注册核安全工程师担任。辐射安全关键岗位名录由国务院环境保护主管部门商国务院有关部门制定并公布。

第二十九条 生产、销售、使用放射性同位素和射线装置的单位，应当严格按照国家关于个人剂量监测和健康管理的规定，对直接从事生产、销售、使用活动的工作人员进行个人剂量监测和职业健康检查，建立个人剂量档案和职业健康监护档案。

第三十条 生产、销售、使用放射性同位素和射线装置的单位，应当对本单位的放射性同位素、射线装置的安全和防护状况进行年度评估。发现安全隐患的，应当立即进行整改。

第三十一条 生产、销售、使用放射性同位素和射线装置的单位需要终止的，应当事先对本单位的放射性同位素和放射性废物进行清理登记，作出妥善处理，不得留有安全隐患。

生产、销售、使用放射性同位素和射线装置的单位发生变更的，由变更后的单位承担处理责任。

变更前当事人对此另有约定的，从其约定；但是，约定中不得免除当事人的处理义务。

在本条例施行前已经终止的生产、销售、使用放射性同位素和射线装置的单位，其未安全处理的废旧放射源和放射性废物，由所在地省、自治区、直辖市人民政府环境保护主管部门提出处理方案，及时进行处理。所需经费由省级以上人民政府承担。

第三十二条 生产、进口放射源的单位销售Ⅰ类、Ⅱ类、Ⅲ类放射源给其他单位使用的，应当与使用放射源的单位签订废旧放射源返回协议；使用放射源的单位应当按照废旧放射源返回协议规定将废旧放射源交回生产单位或者返回原出口方。确实无法交回生产单位或者返回原出口方的，送交有相应资质的放射性废物集中贮存单位贮存。

使用放射源的单位应当按照国务院环境保护主管部门的规定，将Ⅳ类、Ⅴ类废旧放射源进行包装整备后送交有相应资质的放射性废物集中贮存单位贮存。

第三十三条　使用Ⅰ类、Ⅱ类、Ⅲ类放射源的场所和生产放射性同位素的场所，以及终结运行后产生放射性污染的射线装置，应当依法实施退役。

第三十四条　生产、销售、使用、贮存放射性同位素和射线装置的场所，应当按照国家有关规定设置明显的放射性标志，其入口处应当按照国家有关安全和防护标准的要求，设置安全和防护设施以及必要的防护安全联锁、报警装置或者工作信号。

射线装置的生产调试和使用场所，应当具有防止误操作、防止工作人员和公众受到意外照射的安全措施。

放射性同位素的包装容器、含放射性同位素的设备和射线装置，应当设置明显的放射性标识和中文警示说明；放射源上能够设置放射性标识的，应当一并设置。

运输放射性同位素和含放射源的射线装置的工具，应当按照国家有关规定设置明显的放射性标志或者显示危险信号。

第三十五条　放射性同位素应当单独存放，不得与易燃、易爆、腐蚀性物品等一起存放，并指定专人负责保管。贮存、领取、使用、归还放射性同位素时，应当进行登记、检查，做到账物相符。

对放射性同位素贮存场所应当采取防火、防水、防盗、防丢失、防破坏、防射线泄漏的安全措施。

对放射源还应当根据其潜在危害的大小，建立相应的多层防护和安全措施，并对可移动的放射源定期进行盘存，确保其处于指定位置，具有可靠的安全保障。

第三十六条 在室外、野外使用放射性同位素和射线装置的，应当按照国家安全和防护标准的要求划出安全防护区域，设置明显的放射性标志，必要时设专人警戒。

在野外进行放射性同位素示踪试验的，应当经省级以上人民政府环境保护主管部门商同级有关部门批准方可进行。

第三十七条 辐射防护器材、含放射性同位素的设备和射线装置，以及含有放射性物质的产品和伴有产生X射线的电器产品，应当符合辐射防护要求。不合格的产品不得出厂和销售。

第三十八条 使用放射性同位素和射线装置进行放射诊疗的医疗卫生机构，应当依据国务院卫生主管部门有关规定和国家标准，制定与本单位从事的诊疗项目相适应的质量保证方案，遵守质量保证监测规范，按照医疗照射正当化和辐射防护最优化的原则，避免一切不必要的照射，并事先告知患者和受检者辐射对健康的潜在影响。

第三十九条 金属冶炼厂回收冶炼废旧金属时，应当采取必要的监测措施，防止放射性物质熔入产品中。监测中发现问题的，应当及时通知所在地设区的市级以上人民政府环境保护主管部门。

第四章　辐射事故应急处理

第四十条　根据辐射事故的性质、严重程度、可控性和影响范围等因素，从重到轻将辐射事故分为特别重大辐射事故、重大辐射事故、较大辐射事故和一般辐射事故四个等级。

特别重大辐射事故，是指Ⅰ类、Ⅱ类放射源丢失、被盗、失控造成大范围严重辐射污染后果，或者放射性同位素和射线装置失控导致3人以上（含3人）急性死亡。

重大辐射事故，是指Ⅰ类、Ⅱ类放射源丢失、被盗、失控，或者放射性同位素和射线装置失控导致2人以下（含2人）急性死亡或者10人以上（含10人）急性重度放射病、局部器官残疾。

较大辐射事故，是指Ⅲ类放射源丢失、被盗、失控，或者放射性同位素和射线装置失控导致9人以下（含9人）急性重度放射病、局部器官残疾。

一般辐射事故，是指Ⅳ类、Ⅴ类放射源丢失、被盗、失控，或者放射性同位素和射线装置失控导致人员受到超过年剂量限值的照射。

第四十一条　县级以上人民政府环境保护主管部门应当会同同级公安、卫生、财政等部门编制辐射事故应急预案，报本级人民政府批准。辐射事故应急预案应当包括下列内容：

（一）应急机构和职责分工；

（二）应急人员的组织、培训以及应急和救助的装备、资金、物资准备；

（三）辐射事故分级与应急响应措施；

（四）辐射事故调查、报告和处理程序。

生产、销售、使用放射性同位素和射线装置的单位，应当根据可能发生的辐射事故的风险，制定本单位的应急方案，做好应急准备。

第四十二条 发生辐射事故时，生产、销售、使用放射性同位素和射线装置的单位应当立即启动本单位的应急方案，采取应急措施，并立即向当地环境保护主管部门、公安部门、卫生主管部门报告。

环境保护主管部门、公安部门、卫生主管部门接到辐射事故报告后，应当立即派人赶赴现场，进行现场调查，采取有效措施，控制并消除事故影响，同时将辐射事故信息报告本级人民政府和上级人民政府环境保护主管部门、公安部门、卫生主管部门。

县级以上地方人民政府及其有关部门接到辐射事故报告后，应当按照事故分级报告的规定及时将辐射事故信息报告上级人民政府及其有关部门。

发生特别重大辐射事故和重大辐射事故后，事故发生地省、自治区、直辖市人民政府和国务院有关部门应当在 4 小时内报告国务院；特殊情况下，事故发生地人民政府及其有关部门可以直接向国务院报告，并同时报告上级人民政府及其有关部门。

禁止缓报、瞒报、谎报或者漏报辐射事故。

第四十三条 在发生辐射事故或者有证据证明辐射事故可能发生时，县级以上人民政府环境保护主管部门有权采取下列临时控制措施：

（一）责令停止导致或者可能导致辐射事故的作业；

（二）组织控制事故现场。

第四十四条 辐射事故发生后，有关县级以上人民政府应当按照辐射事故的等级，启动并组织实施相应的应急预案。

县级以上人民政府环境保护主管部门、公安部门、卫生主管部门，按照职责分工做好相应的辐射事故应急工作：

（一）环境保护主管部门负责辐射事故的应急响应、调查处理和定性定级工作，协助公安部门监控追缴丢失、被盗的放射源；

（二）公安部门负责丢失、被盗放射源的立案侦查和追缴；

（三）卫生主管部门负责辐射事故的医疗应急。环境保护主管部门、公安部门、卫生主管部门应当及时相互通报辐射事故应急响应、调查处理、定性定级、立案侦查和医疗应急情况。

国务院指定的部门根据环境保护主管部门确定的辐射事故的性质和级别，负责有关国际信息通报工作。

第四十五条 发生辐射事故的单位应当立即将可能受到辐射伤害的人员送至当地卫生主管部门指定的医院或者有条件救治辐射损伤病人的医院，进行检查和治疗，或者请求医院立即派人赶赴事故现场，采取救治措施。

第五章 监督检查

第四十六条 县级以上人民政府环境保护主管部门和其他有关部门应当按照各自职责对生产、销售、使用放射性同位素和射线装置的单位进行监督检查。被检查单位应当予以配合，如实反映情况，提供必要的资料，不得拒绝和阻碍。

第四十七条 县级以上人民政府环境保护主管部门应当配备辐射防护安全监督员。辐射防护安全监督员由从事辐射防护工作，具有辐射防护安全知识并经省级以上人民政府环境保护主管部门认可的专业人员担任。辐射防护安全监督员应当定期接受专业知识培训和考核。

第四十八条 县级以上人民政府环境保护主管部门在监督检查中发现生产、销售、使用放射性同位素和射线装置的单位有不符合原发证条件的情形的，应当责令其限期整改。

监督检查人员依法进行监督检查时，应当出示证件，并为被检查单位保守技术秘密和业务秘密。

第四十九条 任何单位和个人对违反本条例的行为，有权向环境保护主管部门和其他有关部门检举；对环境保护主管部门和其他有关部门未依法履行监督管理职责的行为，有权向本级人民政府、上级人民政府有关部门检举。接到举报的有关人民政府、环境保护主管部门和其他有关部门对有关举报应当及时核实、处理。

第六章 法律责任

第五十条 违反本条例规定，县级以上人民政府环境保护主管部门有下列行为之一的，对直接负责的主管人员和其他直接责任人员，依法给予行政处分；构成犯罪的，依法追究刑事责任：

（一）向不符合本条例规定条件的单位颁发许可证或者批准不符合本条例规定条件的单位进口、转让放射性同位素的；

（二）发现未依法取得许可证的单位擅自生产、销售、使用放射性同位素和射线装置，不予查处或者接到举报后不依法处理的；

（三）发现未经依法批准擅自进口、转让放射性同位素，不予查处或者接到举报后不依法处理的；

（四）对依法取得许可证的单位不履行监督管理职责或者发现违反本条例规定的行为不予查处的；

（五）在放射性同位素、射线装置安全和防护监督管理工作中有其他渎职行为的。

第五十一条 违反本条例规定，县级以上人民政府环境保护主管部门和其他有关部门有下列行为之一的，对直接负责的主管人员和其他直接责任人员，依法给予行政处分；构成犯罪的，依法追究刑事责任：

（一）缓报、瞒报、谎报或者漏报辐射事故的；

（二）未按照规定编制辐射事故应急预案或者不依法履行辐射事故应急职责的。

第五十二条 违反本条例规定，生产、销售、使用放射性同位素和射线装置的单位有下列行为之一的，由县级以上人民政府环境保护主管部门责令停止违法行为，限期改正；逾期不改正的，责令停产停业或者由原发证机关吊销许可证；有违法所得的，没收违法所得；违法所得10万元以上的，并处违法所得1倍以上5倍以下的罚款；没有违法所得或者违法所得不足10万元的，并处1万元以上10万元以下的罚款：

（一）无许可证从事放射性同位素和射线装置生产、销售、使用活动的；

（二）未按照许可证的规定从事放射性同位素和射线装置生产、销售、使用活动的；

（三）改变所从事活动的种类或者范围以及新建、改建或者扩建生产、销售、使用设施或者场所，未按照规定重新申请领取许可证的；

（四）许可证有效期届满，需要延续而未按照规定办理延续手续的；

（五）未经批准，擅自进口或者转让放射性同位素的。

第五十三条 违反本条例规定，生产、销售、使用放射性同位素和射线装置的单位变更单位名称、地址、法定代表人，未依法办理许可证变更手续的，由县级以上人民政府环境保护主管部门责令限期改正，给予警告；逾期不改正的，由原发证机关暂扣或者吊销许可证。

第五十四条 违反本条例规定，生产、销售、使用放射性同位素和射线装置的单位部分终止或者全部终止生产、销售、使用活动，未按照规定办理许可证变更或者注销手续的，由县级以上人民政府环境保护主管部门责令停止违法行为，限期改正；逾期不改正的，处 1 万元以上 10 万元以下的罚款；造成辐射事故，构成犯罪的，依法追究刑事责任。

第五十五条 违反本条例规定，伪造、变造、转让许可证的，由县级以上人民政府环境保护主管部门收缴伪造、变造的许可证或者由原发证机关吊销许可证，并处 5 万元以上 10 万元以下的罚款；构成犯罪的，依法追究刑事责任。

违反本条例规定，伪造、变造、转让放射性同位素进口和转让批准文件的，由县级以上人民政府环境保护主管部门收缴伪造、变造的批准文件或者由原批准机关撤销批准文件，并处 5 万元以上 10 万元以下的罚款；情节严重的，可以由原发证机关吊销许可证；构成犯罪的，依法追究刑事责任。

第五十六条 违反本条例规定，生产、销售、使用放射性同位素的单位有下列行为之一的，由县级以上人民政府环境保护主管部门责令限期改正，给予警告；逾期不改正的，由原发证机关暂扣或者吊销许可证：

（一）转入、转出放射性同位素未按照规定备案的；

（二）将放射性同位素转移到外省、自治区、直辖市使用，未按照规定备案的；

（三）将废旧放射源交回生产单位、返回原出口方或者送交放射性废物集中贮存单位贮存，未按照规定备案的。

第五十七条 违反本条例规定，生产、销售、使用放射性同位素和射线装置的单位有下列行为之一的，由县级以上人民政府环境保护主管部门责令停止违法行为，限期改正；逾期不改正的，处1万元以上10万元以下的罚款：

（一）在室外、野外使用放射性同位素和射线装置，未按照国家有关安全和防护标准的要求划出安全防护区域和设置明显的放射性标志的；

（二）未经批准擅自在野外进行放射性同位素示踪试验的。

第五十八条 违反本条例规定，生产放射性同位素的单位有下列行为之一的，由县级以上人民政府环境保护主管部门责令限期改正，给予警告；逾期不改正的，依法收缴其未备案的放射性同位素和未编码的放射源，处5万元以上10万元以下的罚款，并可以由原发证机关暂扣或者吊销许可证：

（一）未建立放射性同位素产品台账的；

（二）未按照国务院环境保护主管部门制定的编码规则，对生产的放射源进行统一编码的；

（三）未将放射性同位素产品台账和放射源编码清单报国务院环境保护主管部门备案的；

（四）出厂或者销售未列入产品台账的放射性同位素和未编码的放射源的。

第五十九条 违反本条例规定，生产、销售、使用放射性同位素和射线装置的单位有下列行为之一的，由县级以上人民政府环境保护主管部门责令停止违法行为，限期改正；逾期不改正的，由原发证机关指定有处理能力的单位代为处理或者实施退役，费用由生产、销售、使用放射性同位素和射线装置的单位承担，并处1万元以上10万元以下的罚款：

（一）未按照规定对废旧放射源进行处理的；

（二）未按照规定对使用Ⅰ类、Ⅱ类、Ⅲ类放射源的场所和生产放射性同位素的场所，以及终结运行后产生放射性污染的射线装置实施退役的。

第六十条 违反本条例规定，生产、销售、使用放射性同位素和射线装置的单位有下列行为之一的，由县级以上人民政府环境保护主管部门责令停止违法行为，限期改正；逾期不改正的，责令停产停业，并处2万元以上20万元以下的罚款；构成犯罪的，依法追究刑事责任：

（一）未按照规定对本单位的放射性同位素、射线装置安全和防护状况进行评估或者发现安全隐患不及时整改的；

（二）生产、销售、使用、贮存放射性同位素和射线装置的场所未按照规定设置安全和防护设施以及放射性标志的。

第六十一条 违反本条例规定，造成辐射事故的，由原发证机关责令限期改正，并处5万元以上20万元以下的罚款；情节严重的，由原发证机关吊销许可证；构成违反治安管理行为的，由公安机关依法予以治安处罚；构成犯罪的，依法追究刑事责任。因辐射事故造成他人损害的，依法承担民事责任。

第六十二条 生产、销售、使用放射性同位素和射线装置的单位被责令限期整改，逾期不整改或者经整改仍不符合原发证条件的，由原发证机关暂扣或者吊销许可证。

第六十三条 违反本条例规定，被依法吊销许可证的单位或者伪造、变造许可证的单位，5 年内不得申请领取许可证。

第六十四条 县级以上地方人民政府环境保护主管部门的行政处罚权限的划分，由省、自治区、直辖市人民政府确定。

第七章 附 则

第六十五条 军用放射性同位素、射线装置安全和防护的监督管理，依照《中华人民共和国放射性污染防治法》第六十条的规定执行。

第六十六条 劳动者在职业活动中接触放射性同位素和射线装置造成的职业病的防治，依照《中华人民共和国职业病防治法》和国务院有关规定执行。

第六十七条 放射性同位素的运输，放射性同位素和射线装置生产、销售、使用过程中产生的放射性废物的处置，依照国务院有关规定执行。

第六十八条 本条例中下列用语的含义：

放射性同位素，是指某种发生放射性衰变的元素中具有相同原子序数但质量不同的核素。

放射源，是指除研究堆和动力堆核燃料循环范畴的材料以外，永久密封在容器中或者有严密包层并呈固态的放射性材料。

射线装置，是指 X 线机、加速器、中子发生器以及含放射源的装置。

非密封放射性物质，是指非永久密封在包壳里或者紧密地固结在覆盖层里的放射性物质。

转让，是指除进出口、回收活动之外，放射性同位素所有权或者使用权在不同持有者之间的转移。

伴有产生X射线的电器产品，是指不以产生X射线为目的，但在生产或者使用过程中产生X射线的电器产品。

辐射事故，是指放射源丢失、被盗、失控，或者放射性同位素和射线装置失控导致人员受到意外的异常照射。

第六十九条 本条例自2005年12月1日起施行。1989年10月24日国务院发布的《放射性同位素与射线装置放射防护条例》同时废止。

三、部门规章

HAF401

放射性废物安全监督管理规定

（1997年11月5日国家核安全局批准发布）

国家科学委员会国家科学发政字〔1997〕454号

本规定自1997年11月5日起实施

本规定由国家核安全局负责解释

放射性废物安全监督管理规定

目 录

1 引 言

1.1 目的

本规定阐明放射性废物管理的目标和原则，以及放射性废物的安全监督管理职责。

1.2 范围

本规定适用于放射性废物从产生到处置全过程的安全管理。主要针对核燃料循环所产生的固态、液态和所载放射性废物。对于放射性同位素生产和应用过程所产生的放射性废物的安全管理，可参照执行。

2　放射性废物安全管理的目标和原则

2.1　管理目标

放射性废物管理的目标是保护现在和将来人类的健康与环境，不给后代造成过度的负担。

2.2　管理原则

为了达到上述目标，放射性废物管理应遵守下述原则：

（1）保护人类健康　放射性废物的管理必须确保对人类健康的影响不超过可接受水平；

（2）保护环境　放射性废物的管理必须确保对环境的影响不超过可接受水平；

（3）超越国界的保护　放射性废物的管理必须考虑超越国界可能对人类健康和环境的影响；

（4）保护后代　放射性废物的管理必须使预测的对后代健康影响不超过今天可接受的有关影响水平；

（5）给后代的负担　放射性废物的管理必须确保不给后代造成过度的负担；

(6)遵守国家法律规定和管理制度　放射性废物的管理必须遵守国家法律、法规和标准，包括明确划分责任和规定独立的监督管理职能；

（7）控制放射性废物的产生　放射性废物的产生必须保持在实际可行的最低限度；

（8）放射性废物产生和管理间的相互依赖关系　必须适当考虑放射性废

物产生和管理的各个步骤间的相互依赖关系；

（9）设施安全　放射性废物管理设施必须确保其使用寿期内的安全。

3　放射性废物安全监督管理职责

3.1　国家核安全部门的职责

（1）制定有关核设施（包括放射性废物处置库，下同）放射性废物管理法规、导则和技术文件；

（2）按照本规定的要求，评价营运单位提交的安全分析报告，有关文件和运行计划等；

（3）通过对设计、建造、运行以及人员资格和记录的审查，评价放射性废物处理、处置设施是否符合有关规定和标准；

（4）对不符合法规和标准要求的事项，要求采取补救和纠正措施。

3.2　核设施营运单位的职责

3.2.1　营运单位必须遵守国家法律、法规和管理制度

3.2.2　放射性废物管理活动的安全责任由营运单位承担，营运单位必须：

（1）及时完成放射性废物处置前工作；

（2）进行安全和环境影响评价；

（3）确保对工作人员、公众和环境足够的防护；

（4）确保放射性废物安全管理的各步骤有合适的工作人员、设备、设施、培训和操作程序；

（5）建立和执行放射性废物产生及其预处理、处理、整备、贮存和处置的质保大纲；

（6）建立和保持有关放射性废物的产生、预处理、处理、整备、贮存和处置，包括放射性废物存量信息的记录；

（7）根据有关部门的要求，提供监视和控制；

（8）收集、分析和运用营运经验，确保安全持续改善；

（9）开展适当的研究开发工作，支持运行的需要。

3.2.3 营运单位必须通过对核设施合适的设计、运行、维修与退役，使放射性废物的产生处于实际可行的最低限度。必须适当考虑放射性废物产生和管理各步骤间的相互依赖关系。保证放射性废物的处理和整备工作符合计划的贮存方式，使之在规定的贮存期限可回取废物最终处置。

3.2.4 营运单位有责任在适当时间范围内，根据法律和法规的规定，并得到国家核安全部门批准，确定其所属的放射性废物的去向。营运单位可按批准的方式自行处理、整备和贮存放射性废物或者将放射性废物转给另一营运单位进行处理、整备和贮存；排出流向环境的排放必须得批准。

4 放射性废物安全管理的重要环节

4.1 放射性废物的产生与管理

4.1.1 放射性废物产生与管理的所有步骤间存在相互依赖关系，因此，为放射性废物管理活动制订计划时，应考虑：

（1）放射性废物量（活度和体积）应保持在实际可行的最低限度；

（2）放射性废物管理各步骤的安全要求。

4.1.2 制订放射性废物管理计划时，应顾及所有安全问题和需要。决定放射性废物管理中某个具体步骤时，不应孤立考虑，否则可能妨碍方案选择或影响废物管理的其他步骤。

4.1.3　制订放射性废物管理计划时，应与有关各方交流和对话。

4.2　安全分析和环境影响评价

4.2.1　营运单位应根据法规和标准，对新的废物管理设施与实践以及现有设施或实践的重大改变进行评价。编写安全分析报告和环境影响评价报告，分别提交给国家核安全部门和环境保护部门。

4.2.2　在报告中应当分析和论证正常运行时的辐射安全和非辐射安全，也要评价事件和事故的可能影响。必要时，这种评价应根据 2.2 条规定的原则论证长期安全性。

4.2.3　对于正常运行工况的评价，应当分析和论证放射性废物管理过程的各个步骤对工作人员、公众和环境的辐射安全和非辐射安全。这些评价应该以设施设计和工艺过程为基础。

4.2.4　对放射性废物管理设施可能给人类生存、环境（土壤、水、空气和非人类人物群）和自然资源造成的非放射学影响做出评定、描述和分析。

4.2.5　应评价内部和外部事件（这种事件可能导致事故）可能的后果，及其对工作人员、公众和环境的影响。这种评价应该利用适当的模式和可得到的实验数据。

4.2.6　评价处置设施的长期性能，应当考虑可能被容纳的放射性废物的放射性核素含量、物理和化学特性，以及处置系统所提供的屏障的有效性。天然屏障的有效性应通过现场调查来确定。这种评价只能利用预先确定的模型来进行，这些模型应是建立在实验数据的基础上。

4.3 安全文化

4.3.1 安全文化要求从事放射性废物管理的个人和组织对安全具有献身精神和责任感。负责放射性废物管理活动的领导和组织应建立和执行利于促进安全文化的制度和程序。

4.3.2 提高安全意识的责任，主要由各组织的高层管理人员承担。所有从事放射性废物管理的组织都应制订和执行有关安全的规章和审查程序，以确保建立和使用正确的方法，形成和保持安全意识。应该制订和执行强调安全重要性和个人行为要求的员工培训大纲。

4.4 质量保证

4.4.1 质量保证应采取适当的措施为保护人类健康和环境提供必要的信任。

4.4.2 营运单位应给质量保证职能部门提供充分的独立性。应明确规定有关人员和组织的责任和权限。质量保证适用于所有的放射性废物管理活动，尤其是对安全有重要意义的环节。质量保证大纲特别应当确保废物货包满足废物接收的要求。

4.4.3 质量保证在大纲应得到国家核安全部门的认可。在执行中应受到相应的监督和检查。

4.5 研究和开发

4.5.1 应根据放射性废物管理计划的规模和需要进行研究和开发工作。

4.5.2 当一个体系（如处置系统）的长期性能不能通过直接观察予以证明的情况下，应该通过研究和开发工作去获得必要的信息，也可通过参加国际合作研究获得。

4.5.3 营运单位和有关部门应考虑本国和国际实践所获得的经验和教训，以确定是否需要改进设备和工艺、培训人员或改变安全要求。

4.6 文件和记录

4.6.1 营运单位应按法规要求和自身需要，保管好文件和记录。这些文件和记录的编录和保存应使非直接从事该项活动的人员能够方便查阅和了解，并利用于计算机管理。

4.6.2 文件和记录应包括：

（1）放射性废物存量、来源、所在地、物理和化学特性。必要时，还应有一份从设施转移出放射性废物的记录；

（2）场地平面图、工程图纸、技术规格书和工艺说明；

（3）质量保证和质量控制活动资料；

（4）安全分析和环境评价方法与计算机程序；

（5）安全分析和环境评价结果；

（6）排出物和环境评价结果；

（7）放射性废物货包标识；

（8）处置设施关闭资料。

4.7 人员培训和资格认定

运营人员必须有必要的专业知识。应制订适当的人员培训计划，以确保工作人员有必要的能力，培养注重质量和安全的素质，使工作人员适应有关技术和规章的变化。这包括设备供应商提供的培训。培训之后要进行适当考核，给予资格认定。

4.8 应急计划

放射性废物管理活动中，如果存在对人类健康和环境有潜在危害的事故时，需要提供应急计划和做好应对事故的必要准备。

4.9 有组织的控制

4.9.1 放射性废物应及时处理和整备，其安全性尽可能不依赖于长期管理的安排。然而，处置库关闭后，需要有适当时间的有组织的控制，以便：

（1）防止人们闯入处置库；

（2）防止移出或扰动放射性废物；

（3）对照设计准则监测处置库的效能；

（4）执行必要的补救行动。

这种控制可以是主动的（例如连续监测、定期检查、维护、控制人们接近等），或者是被动的（例如永久性标志、土地使用限制）。

4.9.2 有组织的控制的最长期限，应当由国家审管部门确定。

名词解释

事故（accident）

任何意外的偶然事件，包括操作错误，设备故障或其他意外事件，其后果或潜在后果从防护或安全观点来看，都是不容忽视的。

授权（authorization）

主管部门授予一个营运单位或一批营运单位进行特定活动的书面许可。

关闭（永久的）[closure（permanent）]

处置设施运行寿期末针对该处置设施进行的行动。通常是完成废物安置后，对近地表处置设施进行覆盖；对地质处置库的进入通道进行回填和/或封闭，终止有关辅助设施的活动，使处置库永久关闭。

退役（decommissioning）

核设施使用期满后，在充分考虑工作人员和公众的健康和安全以及保护环境的情况下采取的退出服役的行动。退役的最终目标是不受限制的开放或使用。实现这个目标的时间，可以是几年到几百年。根据国家法律和审管要求，如果该核设施已并入新的或现有的设施，或者即使其所在场址仍受审管机构或行政机构的控制，也可将该核设施视为已经退役。这个定义不适用于铀矿开采和水冶厂的停闭及放射性废物处置场的关闭。

免管废物（exempt waste）

就放射性废物管理而言，因其有关的放射性危害微不足道，符合解控水平，由审管部门免除监管控制的废物。应根据放射性浓度和/或总活度，可能包括废物的种类、化学/物理形态、数量或体积等特性来确定其免管水平。

地质处置（geological disposal）

在深至几百米的稳定地质岩层中，利用工程屏障和天然屏障组成的系统隔离组成的系统隔离放射性废物。地质处置的典型用途是处置长寿命废物和高放废物。

核燃料循环[fuel cycle（nuclear）]

与核电生产相关的过程。包括铀和钍的采矿、水冶、加工和浓缩；燃料元件制造；反应堆运行；核燃料后处理；退役和与上面活动有关的所有放射性废物管理活动及研究和开发工作。

事件（incident）

虽然不直接或立即影响安全，但可能导致以后要重新评价安全措施的技术偶然事件或异常现象。

有组织的控制（institutional control）

依据国家法律指定的权威机构或组织对废物场地（例如处置场）的控制。这种控制可以是主动的（监测、监视、修复工作），或者是被动的（控制土地使用），并可能是核设施（例如近地表处置设施）设施中的一个因素。

许可证（licence）

由审管机构颁发的一种正式的具有法律效力的文件。允许进行核设施选址、设计、建造、调试、运行、退役，处置设施关闭。

监测（monitoring）

为评估或控制照射而进行的放射性或非放射性参数的测量，并解释这种测量。监测可以是连续的也可以是不连续的。

营运单位（或营运机构）[operator（or operating organization）]

在废物管理中，从事选择和调查一核设施场址的适用性和/或承担核设施的设计、建造、调试、运行和退役的组织（和其承包者）。

处置前（predisposal）

指放射性废物处置之前各步骤，包括废物的预处理、处理、整备等。

处置库（repository）

用于处置放射性废物的核设施（例如地质处置库），将来不打算再把放射性废物回取出来。

放射性废物管理（radioactive waste management）

包括废物的装卸、预处理、处理、整备、运输、贮存和处置在内所有行政和技术的活动。

放射性废物（radioactive waste）

为法律和审管目的，可将放射性废物定义为：含有放射性核素或被放射性核素所污染，其放射性核素浓度或比活度高于审管机构规定的免管水平，预期不会再利用的废弃物（这个定义完全是从管理角度着眼的，放射性浓度等于或低于免管水平的物质，从物理观点看仍是放射性的，但其放射危害可以忽略不计）。

废物产生者

产生废物设施的营运机构（营运单位）。

附　录

放射性废物管理的基本步骤

放射性废物的有效管理是把管理过程的基本步骤（示于图 1）作为废物从产生到处置整个体系的各个部分。因为在某一个步骤所做的决定有可能妨碍另一个步骤的方案选择，所以应强调考虑放射性废物管理设施的计划，设计、建造、运行和退役各步骤间的相互关联性。

本附录叙述了放射性废物管理的各个步骤，为从事放射性废物管理的有关人员提供共同的术语和认识。这些考虑适用于核燃料循环（包括核电生产）、医学与工业应用放射性物质所产生的放射性废物的管理；也适用于设施运行期间和退役期间所产生的放射性废物的管理，这些步骤应用的差别取决于放射性废物的种类。

应对废物进行特性鉴定，确定其物理、化学和放射学性质，以利于记录保存和放射性废物从一个步骤转入到另一个步骤。例如，分出免管或复用的废物，对废物实行不同的处置，或者确保废物符合贮存和处置的需要，选择合适的包装等，都可以应用这些鉴定资料。

废物的预处理是废物产生后废物管理的初始步骤，例如收集、分拣、化学调节和去污，并且可能包括中间贮存一段时间。这个初始步骤是非常重要的，因为它在许多情况下，为分类处理废物提供了很多的机会，如在工艺过程内作再循环，或者根据其放射性物质存量确定作为非放射性废物处置，或作为放射性废物进行近地表处置或地质处置。

放射性废物处理包括通过改变放射性废物特性来改善安全性或经济性的那些操作。基本的处理概念是减容、去除放射性核素和改变组成。例如：可燃性废物的焚烧；干固体废物的压缩（减容）；废液的蒸发、过滤或离子交换（去除放射性核素）和化学物质的絮凝沉淀（改变组分）。经常将几种方法联合使用，使废液有效净化。这可能产生需要管理的二次放射性废物（如被污染的过滤器、废树脂、泥浆等）。

放射性废物的整备包括使放射性废物适合装卸、运输、贮存和处置的一些损失。这类操作可包括放射性废物的固化，将放射性废物置入容器和提供外包装。普通的固化方法包括低中放废液的水泥固化、沥青固化或塑料固化、高放废液的玻璃固化。通常根据放射性核素的性质和活度将废物固化体封装在钢桶中（通常用 200 升钢桶），或者封装在特制的厚壁容器中。在许多情况下，处理和整备两者密切结合，同时进行。

处置是放射性废物管理体系的最后一步。处置主要是将放射性废物安置在确保安全的处置设施中，并且不打算回取，不依赖长期监护。处置安全性主要是通过浓集和封隔来实现的。封隔是把经过适当整备的废物隔离于处置设施中。在放射性废物周围设置屏障来限制放射性核素释放到环境中。屏障可以是天然的或是工程的。隔离系统可能是由一个屏障或多个屏障组成。多重屏障系统能更好地实现隔离，确保放射性核素向环境的任何释放以可接受的低速率进行。屏障可能提供在一段时间内的绝对封隔（如金属容器），或者可以延缓放射性物质释放到环境（如回填物或具有高吸附能力的主岩）。在放射性废物被屏障系统封隔期间，废物中的放射性核素将衰变。屏障系统是根据所选择的处置方案和所包容的放射性废物的形态设计的。

虽然计划以浓缩和封隔来处置大多数类型的放射性废物，但处置也包括以允许限值内向环境排放液态和气态放射性废物。实际上，这是一种不可逆转的行动，因而认为只是有限数量的特殊放射性废物可以适用。

废物和物料特性鉴定、贮存和运输可以在放射性废物管理基本步骤间和基本步骤之内进行。这些步骤的适用性因放射性废物类别而异。

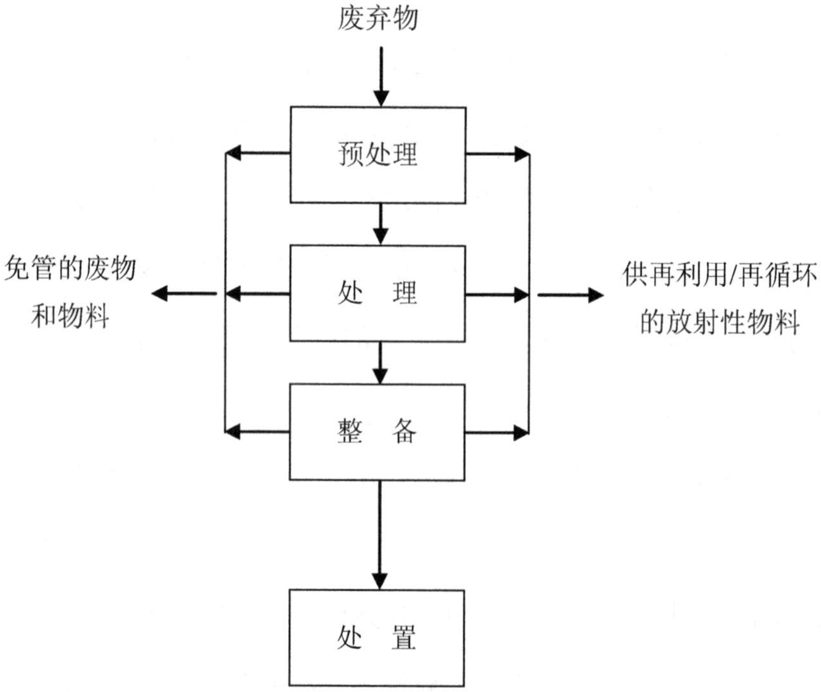

图 1　放射性废物管理的基本步骤

放射性废物的贮存，例如：（1）提供隔离、环境保护和监测；（2）有利于如处理、整备和处置等活动。在某些情况下，进行贮存可能是出于技术考虑。

例如，短寿命核素放射性废物的贮存，是为了让其衰变，随后在允许限值内排放；或者出于释热考虑，如在地质处置前贮存高放废物。在其他情况下，进行贮存是由于经济和政策等原因。

运输在放射性废物管理步骤间可能是必要的。有效的放射性废物管理应当考虑运输所涉及的问题。

HAF402

放射性固体废物贮存和处置许可管理办法

（2013 年 12 月 30 日环境保护部令第 25 号公布，

自 2014 年 3 月 1 日起施行）

放射性固体废物贮存和处置许可管理办法

目　录

第一章　总　则

第一条　为加强放射性固体废物贮存和处置活动的监督管理，规范放射性固体废物贮存和处置许可，根据《中华人民共和国放射性污染防治法》和《放射性废物安全管理条例》，制定本办法。

第二条　本办法适用于放射性固体废物贮存和处置许可证的申请和审批管理。

第三条　在中华人民共和国境内专门从事放射性固体废物贮存、处置活动的单位，应当依照本办法规定取得放射性固体废物贮存许可证（以下简称“贮存许可证”）或者放射性固体废物处置许可证（以下简称“处置许可证”），并按照许可证规定的种类、范围和规模从事放射性固体废物贮存或者处置活动。

同时从事放射性固体废物贮存和处置活动的单位，应当分别取得贮存许可证和处置许可证。

核设施营运单位利用与核设施配套建设的贮存设施，贮存本单位产生的放射性固体废物的，不需要申请领取贮存许可证；贮存其他单位产生的放射性固体废物的，应当依照本办法的规定申请领取贮存许可证。

第四条 贮存许可证和处置许可证，由国务院环境保护主管部门审批、颁发。

第五条 持有贮存许可证或者处置许可证的单位（以下简称“持证单位”）应当依法承担其所贮存或者处置的放射性固体废物的安全责任。

第六条 从事放射性固体废物贮存或者处置活动的人员，应当通过有关放射性废物管理、辐射防护或者环境监测专业知识的培训和考核。

第二章　许可证申请

第七条 申请从事放射性固体废物贮存活动的单位，应当具备下列条件：

（一）有法人资格；

（二）有能保证贮存设施安全运行的组织机构，包括负责贮存设施运行、安全防护（含辐射监测）和质量保证等部门；

（三）有三名以上放射性废物管理、辐射防护、环境监测方面的专业技术人员，其中至少有一名注册核安全工程师；

（四）有符合国家有关放射性污染防治标准和国务院环境保护主管部门规定的放射性固体废物接收、贮存设施和场所。同时从事放射性废物处理活动的，还应当具有符合国家有关放射性污染防治标准和国务院环境保护主管部门规定的处理设施；

（五）有符合国家有关放射性污染防治标准和国务院环境保护主管部门规定的放射性检测、辐射防护和环境监测设备；

（六）建立记录档案制度，记录所贮存的放射性固体废物的来源、数量、特征、贮存位置、清洁解控或者送交处置等相关信息；

（七）有健全的管理制度以及符合核安全监督管理要求的质量保证体系，包括贮存操作规程、质量保证大纲、贮存设施运行监测计划、辐射监测计划、应急预案等。

第八条 申请领取贮存许可证的单位，应当向国务院环境保护主管部门提出书面申请，填写放射性固体废物贮存许可证申请表，并提交下列材料：

（一）企业法人营业执照正、副本的复印件，或者事业单位法人证书正、副本的复印件，以及法定代表人身份证的复印件；

（二）从事放射性固体废物贮存管理和操作人员的培训和考核证明，注册核安全工程师证书复印件；

（三）放射性固体废物贮存设施环境影响评价批复文件复印件；

（四）放射性检测、辐射防护和环境监测设备清单；

（五）放射性固体废物贮存管理制度证明文件，包括贮存操作规程、质量保证大纲及程序文件清单、辐射监测计划、贮存设施运行监测计划、应急预案、记录档案管理文件等；

（六）满足本办法第七条规定的其他证明材料。

第九条 申请从事低、中水平放射性固体废物处置活动的单位，应当具备下列条件：

（一）有国有或者国有控股的企业法人资格，有不少于三千万元的注册资金；

（二）有能保证处置设施安全运行的组织机构，包括负责处置设施运行、安全防护（含辐射监测）和质量保证等部门；

（三）有十名以上放射性废物管理、辐射防护、环境监测方面的专业技术人员，其中注册核安全工程师不少于三名；

（四）有符合国家有关放射性污染防治标准和国务院环境保护主管部门规定的放射性固体废物接收、处置设施和场所；

（五）有符合国家有关放射性污染防治标准和国务院环境保护主管部门规定的放射性检测、辐射防护和环境监测设备，以及必要的辐射防护器材；

（六）有能保证其处置活动持续进行直至安全监护期满的财务担保；

（七）建立记录档案制度和相应的信息管理系统，能记录和管理所处置的放射性固体废物的来源、数量、特征、处置位置等与处置活动有关的信息；

（八）有健全的管理制度以及符合核安全监督管理要求的质量保证体系，包括处置操作规程、质量保证大纲、处置设施运行监测计划、辐射监测计划和应急预案等。

第十条　申请从事高水平放射性固体废物处置和 α 放射性固体废物处置活动的单位，除满足本办法第九条第（二）项、第（四）项、第（五）项、第（六）项、第（七）项和第（八）项规定的条件外，还应当具备下列条件：

（一）有国有或者国有控股的企业法人资格，有不低于一亿元的注册资金；

（二）有二十名以上放射性废物管理、辐射防护、环境监测方面的专业技术人员，其中注册核安全工程师不少于五名。

第十一条 申请领取处置许可证的单位，应当向国务院环境保护主管部门提出书面申请，填写放射性固体废物处置许可证申请表，并提交下列材料：

（一）企业法人营业执照正、副本复印件，法定代表人身份证复印件；

（二）从事放射性固体废物处置管理和操作人员的培训和考核证明，注册核安全工程师证书复印件；

（三）放射性固体废物处置设施环境影响评价批复文件复印件和建造批准文件的复印件；

（四）放射性检测、辐射防护和环境监测设备清单；

（五）财务担保证明；

（六）放射性固体废物处置管理制度证明文件，包括处置操作规程、质量保证大纲及程序文件清单、处置设施运行监测计划、辐射监测计划、应急预案、记录档案管理文件、信息管理系统证明文件等；

（七）满足本办法第九条、第十条规定的其他证明材料。

第三章　许可证审批

第十二条 国务院环境保护主管部门应当自受理许可证申请之日起二十个工作日内完成审查，对符合条件的颁发许可证，予以公告；对不符合条件的，书面通知申请单位并说明理由。

国务院环境保护主管部门在审查过程中，应当组织专家进行技术评审，并征求国务院其他有关部门意见。

技术评审所需时间不包括在审批期限内，并应当书面告知申请单位。

第十三条 贮存许可证和处置许可证应当载明下列内容：

（一）单位名称、地址和法定代表人；

（二）准予从事的活动种类、范围和规模；

（三）有效期限；

（四）发证机关、发证日期和证书编号。

前款所指准予从事活动的种类和范围，是指贮存或者处置废放射源，低、中、高水平放射性固体废物或者α放射性固体废物；规模是指贮存、处置放射性固体废物空间的容积。

第十四条 贮存许可证和处置许可证的有效期为十年。许可证有效期届满，从事放射性固体废物贮存或者处置活动的单位需要继续从事贮存或者处置活动的，应当于许可证有效期届满九十日前，向国务院环境保护主管部门提出延续申请，并提交下列材料：

（一）许可证延续申请文件；

（二）许可证有效期内的贮存或者处置活动总结报告；

（三）辐射监测报告；

（四）原许可证复印件；

（五）国务院环境保护主管部门要求的其他材料。

国务院环境保护主管部门应当在许可证有效期届满前完成审查，对符合条件的准予延续；对不符合条件的，书面通知申请单位并说明理由。

第十五条 持证单位名称、地址、法定代表人发生变更的，应当自变更登记之日起二十日内，向国务院环境保护主管部门申请办理许可证变更手续，并提交下列材料：

（一）许可证变更申请文件；

（二）变更后的企业法人营业执照正、副本复印件，或者事业单位法人证书正、副本的复印件，以及法定代表人身份证复印件；

（三）原许可证复印件；

（四）国务院环境保护主管部门要求的其他材料。

国务院环境保护主管部门核实后，换发许可证。

第十六条 许可证载明的活动种类、范围、规模发生变更，或者许可证有效期满未获延续的，应当按照本办法第七条、第九条、第十条的规定，重新申请领取许可证。

第十七条 持证单位因故遗失许可证的，应当及时在所在地省级报刊上刊登遗失公告，公告期为二十日。

持证单位应当于公告期满后的一个月内持公告到国务院环境保护主管部门申请补发许可证。

第十八条 持证单位应当按照国家有关放射性污染防治标准和国务院环境保护主管部门的规定，在许可证规定的种类、范围和规模内从事放射性固体废物贮存或者处置活动。

禁止伪造、变造、转让许可证。

禁止无许可证从事放射性固体废物贮存或者处置活动。

第十九条 贮存许可证持证单位应当如实完整地记录所收贮放射性固体废物来源、数量、特征、贮存位置、清洁解控或者送交处置等相关信息。

贮存许可证持证单位应当于每年 3 月 31 日前，向国务院环境保护主管部门提交上一年度贮存活动总结报告，包括废物贮存、清洁解控、送交处置、辐射监测等内容。

第二十条 处置许可证持证单位应当如实完整地记录所处置放射性固体废物的来源、数量、特征、处置位置等与处置活动有关的信息。

放射性固体废物处置档案记录应当永久保存。

处置许可证持证单位应当于每年3月31日前，向国务院环境保护主管部门提交上一年度处置活动总结报告，包括废物接收、处置设施运行、辐射监测等内容。

第四章 法律责任

第二十一条 放射性固体废物贮存、处置许可审批部门及其工作人员违反本办法的规定，有下列行为之一的，对直接负责的主管人员和其他直接责任人员，依法给予处分；构成犯罪的，依法移送司法机关追究刑事责任：

（一）违反本办法规定核发贮存许可证或者处置许可证的；

（二）在许可证审批及监督管理过程中，索取、收受他人财物或者谋取其他利益的；

（三）发现有违反本办法的行为而不依法予以查处的；

（四）有其他徇私舞弊、滥用职权、玩忽职守行为的。

第二十二条 未取得相应许可证擅自从事放射性固体废物贮存、处置活动，或者未按照许可证规定的活动种类、范围、规模、期限从事放射性固体废物贮存、处置活动的，依照《放射性废物安全管理条例》第三十八条的规定处罚。

第二十三条 有下列行为之一的，由国务院环境保护部门责令限期改正，处三万元以下罚款，涉嫌构成犯罪的，依法移送司法机关追究刑事责任：

（一）伪造、变造、转让许可证的；

（二）未按本办法的规定及时申请变更许可证的。

第二十四条 对违反本办法其他规定的，按照《中华人民共和国放射性污染防治法》《放射性废物安全管理条例》及其他相关法律法规的规定进行处罚。

第五章 附 则

第二十五条 本办法规定的贮存许可证申请表、处置许可证申请表、贮存许可证和处置许可证样式等文件格式由国务院环境保护主管部门统一制定并公布。

第二十六条 本办法由国务院环境保护主管部门负责解释。

第二十七条 本办法自2014年3月1日起施行。

关于发布《放射性废物分类》的公告

（公告　2017 年　第 65 号）

为加强放射性废物的安全管理，保护环境，保证工作人员和公众健康，根据《中华人民共和国放射性污染防治法》《中华人民共和国核安全法》和《放射性废物安全管理条例》关于放射性废物分类的规定，环境保护部、工业和信息化部、国家国防科技工业局组织制定了《放射性废物分类》，现予公布，自 2018 年 1 月 1 日起施行。1998 年发布的原《放射性废物的分类》（HAD 401/04）同时废止。

特此公告。

附件：放射性废物分类

环境保护部

工业和信息化部

国防科工局

2017 年 11 月 30 日

放射性废物分类

目　录

第一章　总　则

第一条　为加强放射性废物的安全管理，保护环境，保证工作人员和公众健康，根据《中华人民共和国放射性污染防治法》、《中华人民共和国核安全法》和《放射性废物安全管理条例》，制定本分类方法。

第二条　本分类体系的基本原则和基本方法适用于所有放射性废物，具体的分类体系主要适用于放射性固体废物。

本分类方法未考虑废物中与辐射危害无关的非放射性有害组分。非放射性有害组分的管理应当符合国家有关法规标准规定。

第二章　放射性废物分类体系

第三条　本分类体系的基本原则是，以实现放射性废物的最终安全处置为目标，根据各类废物的潜在危害以及处置时所需的包容和隔离程度进行分类，并使废物的类别与处置方式相关联，确保废物处置的长期安全。

建立分类体系的目的是，为国家放射性废物管理战略提供基础，为放射性废物的产生、处理、贮存、处置等全过程安全管理提供依据，确保以安全和经济的方式管理废物。

本分类体系不替代针对具体放射性废物管理设施或者活动所开展的安全评价。处置设施的放射性废物接收限值应当通过安全评价论证确定。

第四条　在放射性废物管理过程中，出于不同的目的，从不同的角度，可以对放射性废物进行另外的分类，但不得违背本分类方法。

第五条　放射性废物分为极短寿命放射性废物、极低水平放射性废物、低水平放射性废物、中水平放射性废物和高水平放射性废物等五类，其中极短寿命放射性废物和极低水平放射性废物属于低水平放射性废物范畴。

放射性废物分类体系概念示意图如图 1 所示，横坐标为废物中所含放射性核素的半衰期，纵坐标为其活度浓度。放射性废物活度浓度越高，对废物包容和与生物圈隔离的要求就越高。豁免废物或解控废物不属于放射性废物。

第六条　原则上，极短寿命放射性废物、极低水平放射性废物、低水平放射性废物、中水平放射性废物和高水平放射性废物对应的处置方式分别为贮存衰变后解控、填埋处置、近地表处置、中等深度处置和深地质处置，如图 1 所示。

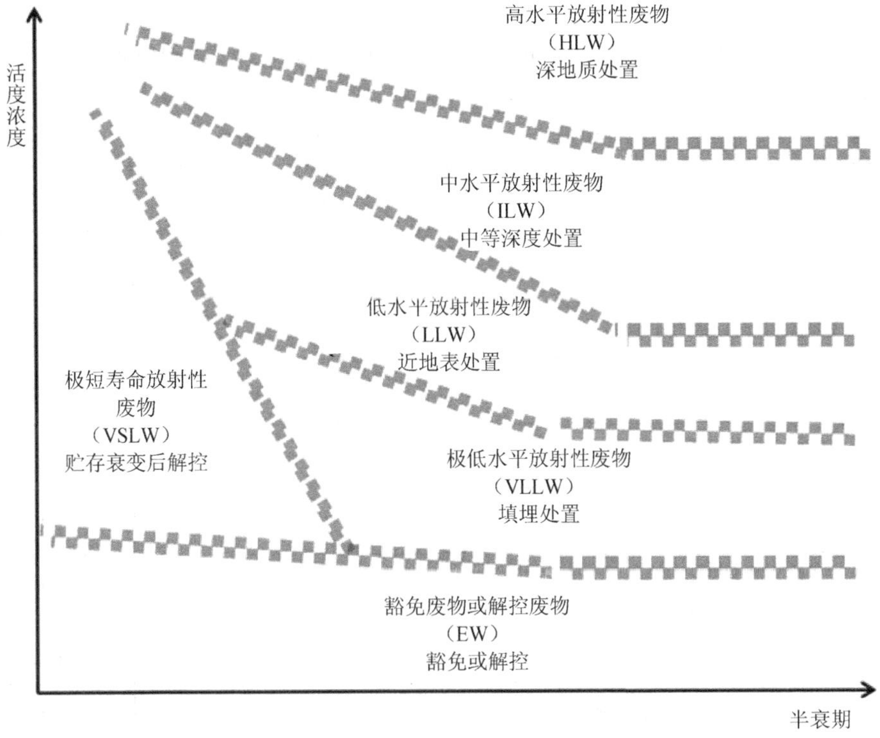

图 1　放射性废物分类体系概念示意图

第三章　豁免与解控

第七条　豁免或者解控的剂量准则：在合理预见的一切情况下，被豁免的实践或源（或者被解控的物质）使任何个人一年内所受到的有效剂量在 10 μSv 量级或更小，而且即使在发生低概率的意外不利情况下，所受到的年有效剂量不超过 1 mSv。

对于主要含天然放射性核素的大量物质，应当采用年附加有效剂量不超过 1 mSv 作为豁免剂量准则。

第八条 部分含人工放射性核素固体物质的豁免水平和解控水平见表 1。

表 1 部分含人工放射性核素固体物质的豁免水平和解控水平

核 素	活度浓度[a]/（Bq/g）	活度浓度[b]/（Bq/g）	活度[b]/Bq
氢-3	1 E+02	1 E+06	1 E+09
碳-14	1 E+00	1 E+04	1 E+07
锰-54	1 E-01	1 E+01	1 E+06
铁-55	1 E+03	1 E+04	1 E+06
铁-59	1 E+00	1 E+01	1 E+06
钴-58	1 E+00	1 E+01	1 E+06
钴-60	1 E-01	1 E+01	1 E+05
镍-59	1 E+02	1 E+04	1 E+08
镍-63	1 E+02	1 E+05	1 E+08
锶-90	1 E+00	1 E+02	1 E+04
锆-95	1 E+00	1 E+01	1 E+06
铌-94	1 E-01	1 E+01	1 E+06
铌-95	1 E+00	1 E+01	1 E+06
锝-99	1 E+00	1 E+04	1 E+07
锝-99m	1 E+02	1 E+02	1 E+07
银-110m	1 E-01	1 E+01	1 E+06
锑-124	1 E+00	1 E+01	1 E+06
锑-125	1 E-01	1 E+02	1 E+06
碘-129	1 E-02	1 E+02	1 E+05

核 素	活度浓度[a]/（Bq/g）	活度浓度[b]/（Bq/g）	活度[b]/Bq
铯-137	1 E-01	1 E+01	1 E+04
镎-237	1 E+00	1 E+00	1 E+03
钚-238	1 E-01	1 E+00	1 E+04
钚-239	1 E-01	1 E+00	1 E+04
钚-240	1 E-01	1 E+00	1 E+03
钚-241	1 E+01	1 E+02	1 E+05
钚-242	1 E-01	1 E+00	1 E+04
镅-241	1 E-01	1 E+00	1 E+04
镅-243	1 E-01	1 E+00	1 E+03
锔-243	1 E+00	1 E+00	1 E+04
锔-244	1 E+00	1 E+01	1 E+04

注：a. 固体物质的解控水平以及批量固体物质的豁免水平；

b. 小批量固体物质的豁免水平（通常适用于小规模使用放射性物质的实践，所涉及的数量最多为吨量级）。

含多种人工放射性核素的废物，每种放射性核素的活度浓度与其对应活度浓度上限值的比值之和，应满足下列公式：

$$\sum_{i=1}^{n}\frac{C_i}{C_{i0}}\leqslant 1$$

式中，C_i —— 废物中第 i 种放射性核素的活度浓度；

C_{i0} —— 第 i 种放射性核素的活度浓度上限值；

n —— 废物中放射性核素种类的数目。

第九条 豁免废物或解控废物：废物中放射性核素的活度浓度极低，满足豁免水平或解控水平，不需要采取或者不需要进一步采取辐射防护控制措施。

豁免或解控废物的处理、处置应当满足国家固体废物管理规定。

第四章　放射性废物类别和限值

第十条　极短寿命放射性废物：废物中所含主要放射性核素的半衰期很短，长寿命放射性核素的活度浓度在解控水平以下，极短寿命放射性核素半衰期一般小于 100 天，通过最多几年时间的贮存衰变，放射性核素活度浓度即可达到解控水平，实施解控。

常见的极短寿命放射性废物如医疗使用碘-131 及其他极短寿命放射性核素时产生的废物。

第十一条　极低水平放射性废物：废物中放射性核素活度浓度接近或者略高于豁免水平或解控水平，长寿命放射性核素的活度浓度应当非常有限，仅需采取有限的包容和隔离措施，可以在地表填埋设施处置，或者按照国家固体废物管理规定，在工业固体废物填埋场中处置。

极低水平放射性废物的活度浓度下限值为解控水平，上限值一般为解控水平的 10～100 倍。

常见极低水平放射性废物如核设施退役过程中产生的污染土壤和建筑垃圾。

第十二条　低水平放射性废物：废物中短寿命放射性核素活度浓度可以较高，长寿命放射性核素含量有限，需要长达几百年时间的有效包容和隔离，可以在具有工程屏障的近地表处置设施中处置。近地表处置设施深度一般为地表到地下 30 米。

低水平放射性废物的活度浓度下限值为极低水平放射性废物活度浓度上限值，低水平放射性废物活度浓度上限值见表 2。

表 2　低水平放射性废物活度浓度上限值

放射性核素	半衰期	活度浓度/（Bq/kg）
碳-14	5.73×10^{3}a	1 E+08
活化金属中的碳-14	5.73×10^{3}a	5 E+08
活化金属中的镍-59	7.50×10^{4}a	1 E+09
镍-63	96.0a	1 E+10
活化金属中的镍-63	96.0a	5 E+10
锶-90	29.1a	1 E+09
活化金属中的铌-94	2.03×10^{4}a	1 E+06
锝-99	2.13×10^{5}a	1 E+07
碘-129	1.57×10^{7}a	1 E+06
铯-137	30.0a	1 E+09
半衰期大于 5 年发射 α 粒子的超铀核素		4 E+05（平均） 4 E+06（单个废物包）

表 2 中未列出的放射性核素，活度浓度上限值为（4 E+11）Bq/kg。

含多种放射性核素的废物，活度浓度上限值按照本分类方法第八条规定的计算方法确定。

低水平放射性废物来源广泛，如核电厂正常运行产生的离子交换树脂和放射性浓缩液的固化物。

第十三条 中水平放射性废物：废物中含有相当数量的长寿命核素，特别是发射 α 粒子的放射性核素，不能依靠监护措施确保废物的处置安全，需要采取比近地表处置更高程度的包容和隔离措施，处置深度通常为地下几十到几百米。一般情况下，中水平放射性废物在贮存和处置期间不需要提供散热措施。

中水平放射性废物的活度浓度下限值为低水平放射性废物活度浓度上限值，中水平放射性废物的活度浓度上限值为（4E+11）Bq/kg，且释热率小于或等于 2 kW/m^3。

中水平放射性废物一般来源于含放射性核素钚-239 的物料操作过程、乏燃料后处理设施运行和退役过程等。

第十四条 高水平放射性废物：废物所含放射性核素活度浓度很高，使得衰变过程中产生大量的热，或者含有大量长寿命放射性核素，需要更高程度的包容和隔离，需要采取散热措施，应采取深地质处置方式处置。

高水平放射性废物的活度浓度下限值为（4E+11）Bq/kg，或释热率大于 2 kW/m^3。

常见的高水平放射性废物如乏燃料后处理设施运行产生的高放玻璃固化体和不进行后处理的乏燃料。

第五章 附 则

第十五条 与核设施产生的放射性废物的管理相比，矿物开采、加工处理过程中产生的含有较高水平天然放射性核素的废物的数量巨大，需要采取不同的管理方式。这类废物管理所使用的剂量准则是以辐射防护最优化为基础制定的，监护的时间需要足够长，从而确保废物处置满足安全准则。大多数含天然放射性核素的废物可以在地表填埋设施中处置。

第十六条 废密封放射源具有体积小、含单一放射性核素活度浓度高的特点，需要根据放射性核素活度和寿命，通过评价确定废密封放射源处置方式。

第十七条 主要术语

放射性废物：是指含有放射性核素或者被放射性核素污染，其活度浓度大于国家确定的解控水平，预期不再使用的废弃物。

监护（有组织控制）：国家法律法规规定的机构或组织对废物场地（例如处置场）的控制。这种控制可以是主动的（监测、监视、修复工作），或者是被动的（控制土地使用），并可能是核设施（例如近地表处置设施）设计中的一个因素。

贮存：是指将放射性固体废物临时放置于专门建造的设施内进行保管的活动。

处置：是指将放射性固体废物最终放置于专门建造的设施内的活动。

第十八条 本分类方法自 2018 年 1 月 1 日起施行。

关于发布《矿产资源开发利用辐射环境监督管理名录（第一批）》的通知

（环办〔2013〕12号）

各省、自治区、直辖市环境保护厅（局）：

为保护环境、保护公众健康、促进铀（钍）矿以外的矿产资源开发利用可持续发展，根据《中华人民共和国放射性污染防治法》《中华人民共和国环境影响评价法》等法律法规，环境保护部制定了《矿产资源开发利用辐射环境监督管理名录（第一批）》（见附件），现予发布，请遵照执行。

已纳入《矿产资源开发利用辐射环境监督管理名录（第一批）》，并且原矿、中间产品、尾矿（渣）或者其他残留物中铀（钍）系单个核素含量超过1贝可/克（1 Bq/g）的矿产资源开发利用项目，建设单位应当委托具有核工业类评价范围的环境影响评价机构编制辐射环境影响评价专篇和辐射环境竣工验收专篇。

辐射环境影响评价专篇应当纳入环境影响评价文件，与该项目的环境影响评价文件同步编制，一并申报，评价类别按环境保护部颁布的《建设项目环境影响评价分类管理名录》执行。环评及验收阶段的辐射监测工作应当委托辖区内具有相应资质的监测单位实施。

环境保护部将根据辐射环境管理的需要，对监督管理名录适时予以调整并公布。

附件：矿产资源开发利用辐射环境监督管理名录（第一批）

环境保护部办公厅

2013 年 2 月 4 日

附件

矿产资源开发利用辐射环境监督管理名录（第一批）

序号	行业	工业活动
1	稀土	各类稀土矿（包括独居石、氟碳铈矿、磷钇矿和离子型稀土矿）的开采、选矿和冶炼
2	铌、钽	含铌、钽矿石的开采、选矿和冶炼
3	锆及氧化锆	锆英石（砂）、斜锆石的开采、选矿和冶炼
4	钒	钒矿的开采和冶炼
5	石煤	石煤的开采和使用

财政部　国家发展改革委　工业和信息化部关于印发《核电站乏燃料处理处置基金征收使用管理暂行办法》的通知

（财综〔2010〕58 号）

中国核工业集团公司、中国广东核电集团、中国电力投资公司，财政部驻各省、自治区、直辖市、计划单列市财政监察专员办事处：

为促进核电事业发展，规范核电站乏燃料处理处置基金的征收、使用和管理，根据国务院批示精神，我们制定了《核电站乏燃料处理处置基金征收使用管理暂行办法》，现印发给你们，请遵照执行。

附件：核电站乏燃料处理处置基金征收使用管理暂行办法

财政部

国家发展改革委

工业和信息化部

二〇一〇年七月十二日

核电站乏燃料处理处置基金征收使用管理暂行办法

目　录

第一章　总　则

第一条　为促进核电事业发展，规范核电站乏燃料处理处置基金（以下简称乏燃料处理处置基金）的征收、使用和管理，根据国务院批示精神，特制定本办法。

第二条　乏燃料处理处置基金的征收、解缴、使用和监督检查等适用本办法。

第三条　乏燃料处理处置基金属于政府性基金，收入全额上缴中央国库，按照“收支两条线”原则纳入中央财政预算管理。

第二章　征　收

第四条　凡拥有已投入商业运行五年以上压水堆核电机组的核电厂（以下简称核电厂），应当按照本办法规定缴纳乏燃料处理处置基金。

第五条　乏燃料处理处置基金按照核电厂已投入商业运行五年以上压水堆核电机组的实际上网销售电量征收，征收标准为 0.026 元/（千瓦·时）。今后，财政部会同国家发展改革委、工业和信息化部、国家能源局、国防科工局等部门根据核电发展规模及乏燃料处理处置资金需求的变化，适时调整征收标准。

第六条　乏燃料处理处置基金计入核电厂发电成本。

第七条　乏燃料处理处置基金由财政部驻核电厂所在省、自治区、直辖市、计划单列市财政监察专员办事处（以下简称专员办）负责征收，并实行直接缴库。

第八条　核电厂应于每年1月10日前向所在地专员办申报上年实际上网销售电量和应缴纳的乏燃料处理处置基金。专员办应于每年 1 月 20 日前完成对申报的审核，并向申报企业开具《非税收入一般缴款书》。核电厂应在 5 日内按照专员办开具的《非税收入一般缴款书》所确定的缴款额足额上缴资金。缴库时填列《政府收支分类科目》103 类“非税收入”，01 款“政府性基金收入”，66 项“核电站乏燃料处理处置基金收入”（新增）。

第九条　核电厂应按照本办法规定及时足额上缴乏燃料处理处置基金，不得拖欠。凡无正当理由拖欠缴纳乏燃料处理处置基金的，专员办应责令其尽快补缴，并从逾期之日起按日加收滞纳金额 1‰的滞纳金。滞纳金纳入乏燃料处理处置基金收入管理。

第三章　使　用

第十条　核电厂缴纳的乏燃料处理处置基金，由政府相关部门和机构专项用于乏燃料处理处置。具体使用范围包括：

（一）乏燃料运输；

（二）乏燃料离堆贮存；

（三）乏燃料后处理（含乏燃料后处理中试厂进行的商用核电站乏燃料后处理）；

（四）乏燃料后处理所产生的高放废物的处理处置；

（五）乏燃料后处理厂的建设、运行、改造和退役；

（六）乏燃料处理处置的其他支出。

第十一条　乏燃料处理处置基金年度预算，应优先安排乏燃料运输、乏燃料离堆贮存、乏燃料后处理、高放废物处理处置等支出，再安排乏燃料后处理厂建设、运行、改造和退役等相关支出。

第十二条　乏燃料处理处置基金年度使用计划由国家发展改革委、工业和信息化部、国家能源局、国防科工局商财政部确定。乏燃料处理处置基金具体项目的安排使用由国防科工局负责，其中大型商用核电站乏燃料后处理厂建设项目资金的安排使用由国家发展改革委会同国家能源局负责。

第十三条　财政部根据乏燃料处理处置基金年度使用计划及具体项目的进展情况，按照政府性基金预算编制规程，编制乏燃料处理处置基金年度收支预算。

第十四条　财政部根据乏燃料处理处置基金收支预算和乏燃料处理处置基

金实际征收入库情况安排资金。资金支付按照财政国库管理制度有关规定执行，支出填列《政府收支分类科目》第 206 类“科学技术”10 款“核电站乏燃料处理处置基金支出”（新增）01 项“乏燃料运输”、02 项“乏燃料离堆贮存”、03 项“乏燃料后处理”、04 项“高放废物的处理处置”、05 项“乏燃料后处理厂的建设、运行、改造和退役”、99 项“其他乏燃料处理处置基金支出”。

第十五条 乏燃料处理处置基金年终结余结转下年度继续使用。

第四章 监督检查

第十六条 未经国务院或财政部批准，任何地方、部门和单位不得擅自改变乏燃料处理处置基金的征收对象、范围和标准，不得减征、免征、缓征、停征乏燃料处理处置基金，也不得改变乏燃料处理处置基金的使用范围和原则。

第十七条 乏燃料处理处置基金的征收、解缴、使用等应当接受财政、审计、投资管理部门的监督，任何单位或者个人不得拒绝、妨碍和阻挠。

第十八条 对于违反本办法，不缴、少缴、缓缴乏燃料处理处置基金或者侵占、截留、挪用乏燃料处理处置基金的责任单位及责任人，按照《财政违法行为处罚处分条例》（国务院令第 427 号）以及国家有关法律法规规定处理；涉嫌犯罪的，移交司法机关依法处理。

第五章 附 则

第十九条 本办法自 2010 年 10 月 1 日起施行。

第二十条 本办法施行前，相关核电厂预提且尚未使用的乏燃料处理处置资金，应按本办法第八条规定的上缴方式，于 2010 年 10 月 15 日前向当地专员办申报和上缴本企业预提且尚未使用的乏燃料处理处置资金。

第二十一条 确有困难无法一次性缴纳预提且尚未使用的乏燃料处理处置资金的核电厂，应于 2010 年 10 月 15 日前向当地专员办提出延期或分期缴纳的书面申请并随附相关材料，由专员办核实情况并报财政部审批后执行，延期或分期缴纳的期限最长不得超过 3 年。

第二十二条 为保障核电厂的安全运行及乏燃料处理处置，国防科工局应负责督促相关单位及时转运乏燃料。

第二十三条 本办法由财政部负责解释。

国防科工局关于印发《核电站乏燃料处理处置基金项目管理办法》的通知

（科工二司〔2014〕314号）

各有关单位：

为规范核电站乏燃料处理处置基金项目管理，明确各方责任，推动核电站乏燃料处理处置工作顺利进行，我们制定了《核电站乏燃料处理处置基金项目管理办法》，现印发给你们，请遵照执行。

国防科工局

2014年3月24日

核电站乏燃料处理处置基金项目管理办法

目　录

第一章　总　则

第一条　为规范我国核电站乏燃料处理处置基金（以下简称基金）项目管理，保障基金合理和有效使用，依据《核电站乏燃料处理处置基金征收使用管理暂行办法》（财综〔2010〕58 号）及其他有关规定，制定本办法。

第二条　核电站乏燃料处理处置基金属于政府性基金，专项用于核电站乏燃料处理处置。具体使用范围包括：

（一）乏燃料运输；

（二）乏燃料离堆贮存；

（三）乏燃料后处理（含乏燃料后处理中试厂进行的商用核电站乏燃料后处理）；

（四）乏燃料后处理所产生的高放废物处理处置；

（五）乏燃料后处理厂的建设、运行、改造和退役；

（六）乏燃料处理处置的其他支出。

第三条 基金项目预决算和经费使用管理按照财政部有关规定执行。

第四条 基金项目中涉密事项按照国家相关保密管理规定的要求执行。

第二章 管理职责

第五条 国家国防科技工业局（以下简称国防科工局）负责基金项目的管理。主要职责是：

（一）会同财政部编制和发布基金项目规划；

（二）编制下达基金项目年度计划；

（三）负责基金项目的审批、监督检查、审计、验收与后评估；

（四）承担基金项目范围内乏燃料管理的监督责任；

（五）负责基金项目执行过程中的重大事项协调。

第六条 项目承担单位的上级单位承担本系统基金项目的管理和项目范围内乏燃料管理职责。主要包括：

（一）组织所属项目承担单位履行相关乏燃料管理责任，并进行监督检查；

（二）组织编制及报送所属单位基金项目规划建议及年度计划建议；

（三）审查所属单位基金项目申报文件并及时报送；

（四）组织所属单位基金项目的实施，并对实施情况进行监督检查；

（五）组织编制及报送所属单位基金项目预算和财务决算；

（六）国防科工局委托的其他事项。

第七条 项目承担单位具体负责基金项目的实施管理和项目范围内的乏燃料管理。主要职责是：

（一）承担本单位基金项目范围内相关乏燃料管理的直接责任；

（二）编制及上报本单位基金项目规划建议；

（三）编制及上报本单位基金项目申报文件；

（四）编制及上报本单位基金项目年度计划建议；

（五）编制及上报本单位基金项目预算和财务决算；

（六）负责本单位基金项目实施和日常管理；

（七）负责本单位基金项目验收的申请和准备。

第八条 国防科工局组织成立专家委员会，协助开展战略和规划研究、项目评审、检查和验收工作。建立健全专家评审制度、问责制度和回避制度。

第三章 项目申报与审批

第九条 基金项目实施专项规划管理。专项规划分为近期规划和中长期规划，近期规划的规划期为 5 年，中长期规划的规划期为 10 年。

（一）项目承担单位的上级单位根据实际需求，提出本部门基金项目规划建议。

（二）国防科工局会同财政部组织编制基金项目规划，用于指导项目的申报与审批。

（三）规划期内，如确需要，国防科工局可直接向有关项目承担单位的上级单位下达运输及贮存等工作任务。

第十条 基金项目分为乏燃料运输、设施建设、设施运行、设施退役四类。重大设施建设项目的前期工作可作为基金项目申报，视同设施建设类项目管理。各类项目申报文件的格式及要求按国防科工局有关规定执行。

第十一条 基金项目的申报，面向具备乏燃料处理处置有关资质的单位。

第十二条 乏燃料运输类项目按以下程序申报审批：

（一）依据规划或任务，项目承担单位的上级单位组织所属运输单位编制五年规划期内乏燃料运输方案报国防科工局。

（二）国防科工局对乏燃料运输方案组织评估或审查后，商财政部进行批复。

（三）规划期内如确需对运输方案进行调整，由项目承担单位的上级单位向国防科工局提交调整申请，国防科工局审查后按规定程序办理批复。

第十三条 设施建设类项目按以下程序申报审批：

（一）设施建设类项目申报审批分为项目建议书、可行性研究报告和初步设计三个阶段。

（二）依据规划，项目承担单位的上级单位组织所属相关单位编制项目建议书报国防科工局。国防科工局组织评估或审查后，商财政部进行批复。

（三）依据项目建议书批复，项目承担单位的上级单位组织所属相关单位编制项目可行性研究报告报国防科工局。国防科工局组织审查后，对可行性研究报告进行批复。

（四）依据项目可行性研究报告批复，项目承担单位的上级单位组织所属相关单位编制项目初步设计，国防科工局或委托项目承担单位的上级单位组织审查后，对项目初步设计进行批复。

第十四条 设施运行类项目按以下程序申报审批：

（一）依据规划，项目承担单位的上级单位组织所属相关单位编制五年规划期内的设施运行方案报国防科工局。

（二）国防科工局对设施运行方案组织评估或审查后，商财政部进行批复。

（三）规划期内如确需对设施运行方案进行调整，由项目承担单位的上级单位向国防科工局提交调整申请，国防科工局审查后按规定程序办理批复。

第十五条 设施退役类项目按以下程序申报审批：

（一）设施退役类项目的申报审批分为项目建议书、可行性研究报告和初步设计三个阶段。

（二）依据规划，项目承担单位的上级单位组织所属相关单位编制项目建议书报国防科工局。国防科工局组织评估或审查后，商财政部进行批复。

（三）依据项目建议书批复，项目承担单位的上级单位组织所属相关单位编制项目可行性研究报告报国防科工局。国防科工局组织审查后，对可行性研究报告进行批复。

（四）依据项目可行性研究报告批复，项目承担单位的上级单位组织所属相关单位编制项目初步设计，国防科工局或委托项目承担单位的上级单位组织审查后，对项目初步设计进行批复。

（五）对于特别重大、复杂的退役项目可视具体情况分阶段审批，但应在项目建议书批复中明确审批节点与要求。

第十六条 用于乏燃料处理处置其他支出的项目，由国防科工局商财政部研究办理。

第十七条 不具备批复条件的项目，由国防科工局告知项目承担单位的上级单位；规划外项目，国防科工局商财政部研究办理。

第十八条 多个项目承担单位联合申报项目，应明确牵头责任单位及联合申报各单位的职责、分工和经费分配等内容。

第四章 基金项目年度计划与预算

第十九条 基金项目年度计划按以下程序确定：

（一）项目承担单位根据批复的项目建议书、可行性研究报告等（运输类和设施运行类项目完成方案批复、设施建设类和退役类项目完成可行性研究报告批复），提出本单位基金项目下年度计划建议。

（二）项目承担单位的上级单位汇总基金项目年度计划建议，并于每年 7 月 31 日前编制本系统基金项目年度计划建议报国防科工局。

（三）国防科工局审核项目承担单位的上级单位基金项目年度计划建议，于 9 月 30 日前提出基金项目年度计划，商财政部确定后下达项目承担单位的上级单位。

（四）基金项目申请列入项目年度计划，应符合下列要求：

1. 符合基金项目年度计划的安排原则和支持方向；

2. 首次列入的基金项目，应符合预算管理的要求；

3. 结转安排的基金项目，其上一年度计划执行情况良好，本年度计划内容、进度节点和经费需求明确；

4. 国家规定的其他条件。

第二十条 基金年度预算申报与审批：

（一）根据基金项目年度计划，项目承担单位的上级单位提出下一年度经费预算建议，按照部门预算管理程序报财政部审批。

（二）项目承担单位和项目承担单位的上级单位应严格执行有关规定，加强预算管理，切实提高预算执行率。

第二十一条 项目承担单位的上级单位与项目承担单位应严格遵照下达的基金项目年度计划执行，不得擅自调整。执行过程中因出现重大情况必须调整的，项目承担单位的上级单位应于当年 8 月 15 日前向国防科工局上报基金项目本年度计划调整申请，国防科工局综合平衡后，于当年 8 月 31 日前向财政部提出预算调整建议。乏燃料运输和离堆贮存项目年度计划调整申请应附必要的补救措施和相关核电企业的意见。

第五章 项目组织实施

第二十二条 项目承担单位按照有关规定，依据批复要求和年度计划，做好项目实施过程中的进度、质量、安全和资金的管理。

第二十三条 项目承担单位的上级单位应按照项目批复和有关规定，指导、督促本部门项目承担单位完成项目任务，及时协调处理各种问题，定期对本系统的项目执行情况进行监督检查。

第二十四条 国防科工局定期或不定期组织对项目进展、预算执行和经费使用情况进行监督检查。

第二十五条 基金项目管理实行报告制度。

（一）乏燃料运输和设施运行类项目，由项目承担单位提交年度总结，经项目承担单位的上级单位汇总后，于每年 1 月 31 日前，向国防科工局书面报告上年度项目执行情况、资金使用情况、存在的问题和解决措施、建议等。

（二）设施建设和设施退役类项目，由项目承担单位提交半年总结和年度总结，经项目承担单位的上级单位汇总后，于每年 7 月 15 日和次年 1 月 31 日前，向国防科工局书面报告项目执行情况、资金使用情况、存在的问题和解决措施、建议等。

（三）项目实施过程中发生的重大事项，项目承担单位应及时通过项目承担单位的上级单位上报国防科工局。

第二十六条 对于不能按批复要求完成的项目，项目承担单位应及时通过项目承担单位的上级单位，向国防科工局报送终止、撤销或调整的申请。

第六章 财务决算与项目验收

第二十七条 大型设施建设和设施退役类项目完成后 6 个月内，其他项目完成后 3 个月内，项目承担单位编制财务决算，国防科工局组织对项目财务决算进行审计，并下达审计决定或出具审计意见。

第二十八条 投资 1 亿元以下（含 1 亿元）项目的财务决算，财政部授权国防科工局审批；投资 1 亿元以上项目，经项目承担单位的上级单位初审后报国防科工局审核，国防科工局提出审核意见后报财政部审批。

第二十九条 基金项目由国防科工局或委托项目承担单位的上级单位组织验收。项目验收实行计划管理，乏燃料运输和设施运行类项目应在批复周期结束后一年内完成验收。设施建设、设施退役及其他类项目应在项目批复周期内完成验收。

第三十条 项目承担单位的上级单位应于每年 12 月 31 日前向国防科工局报送本系统下年度应验收的项目建议；不能按期验收的，应向国防科工局提交延期申请。

第三十一条 国防科工局于每年 3 月 31 日前下达当年项目验收计划，明确验收时间、验收组织部门等。

第三十二条 验收计划中明确由国防科工局组织验收的项目，项目承担单位的上级单位应在验收前 2 个月，按有关规定向国防科工局报送验收申请文件及相关材料，国防科工局按验收计划组织专家验收，验收通过后下达验收批复。未通过验收的项目，限期（不超过 6 个月）整改后申请第二次验收。第二次验收仍未通过的，项目承担单位五年内不得申请基金项目。

第三十三条 验收计划中明确由项目承担单位的上级单位验收的项目，项目承担单位应在验收前 2 个月向项目承担单位的上级单位提交项目验收申请文件及相关材料，项目承担单位的上级单位应按验收计划组织验收工作，并将验收批复报国防科工局备案。

第三十四条 国防科工局根据基金项目实施具体情况，适时组织开展后评估工作。后评估的结论作为今后安排乏燃料处理处置项目的重要参考依据。

第七章 财务管理

第三十五条 项目承担单位应严格执行国家有关财经法规、制度，建立健全内部控制制度，严格按照批复内容建账核算。

第三十六条 项目经费必须专项核算，专款专用。

第三十七条 项目承担单位的财务部门要协助监督项目经费的使用，发现问题及时予以纠正，接受单位审计部门和上级部门的监督检查。

第三十八条 国防科工局定期或不定期组织对项目承担单位项目资金资产管理情况进行监督检查。

第八章 奖励与处罚

第三十九条 项目实施成效显著的，国防科工局对有关单位和个人给予表彰。

第四十条 项目实施过程中，发生重大质量和安全事故，违反经费使用、财务和审计制度，发生重大失泄密事件等问题，按国家有关法律法规办理。

第九章 附 则

第四十一条 核电站乏燃料处理处置过程中涉及的核安全、核应急、核责任险、职业卫生、运输等事项按国家有关规定执行。

第四十二条 本办法由国防科工局负责解释。

第四十三条 本办法自公布之日起施行。